문화대혁명

중국 현대사의 트라우마

차례
contents

오늘날의 문화대혁명

　2006년은 중국의 문화대혁명이 일어난 지 40년이 되는 해였다. 40년이 지난 지금에도 문화대혁명은 아직 많은 쟁점을 남기고 있으며, 그동안 덜 주목되던 많은 측면들에 대한 연구가 새롭게 시작되고 있기도 하다. 지역별·부문별로 문화대혁명 시기의 다양한 경험들이 조사되고 있고, 문화대혁명을 새로운 각도에서 다시 보려는 시도가 줄기차게 등장하고 있으며, 개인 구술사를 중심으로 문화대혁명을 재조명하는 시도도 등장하고 있다. 최근에는 특히 당시 문화대혁명 시기를 직접 살며 경험한 일반 대중들이 자신들의 체험을 어떻게 해석하는지에 주목하는 연구가 늘고 있다는 점이 눈에 띈다.

　이처럼 문화대혁명에 대한 연구가 다시 관심을 얻고 있는 것은 중국의 사회 상황과 무관하지 않다. '사회주의 30년, 개혁개방 30년'이라는 말이 보여주듯, 사회주의 이후 시기를 사회주의 시기만큼 지내 온 중국에서는 그 사회주의 시기와는 대비되는 새로운 문제들, 즉 사회양극화·실업문제·국유기업 구조조정 등 여러 가지 사회 문제와 사회적 갈등이 새롭게 나타나고 있다. 그리고 당연히 이런 사회 문제에 대한 불만들이나 그로부터 촉발된 집단적 행동 또한 다양하게 분출되고 있는데, 특이한 점은 이런 사회적 불만의 표출 과정에서 과거 문화대혁명의 경험이 심심치 않게 새로운 형태로 해석되어 되살아난다는 것이다. 그 형태는 다양하다. 어떤 때는 마오쩌둥(毛澤東)을 적극적으로 재해석하여 좋았던 과거를 추앙하면서 현재를 비판하는 방식으로, 그리고 그 속에서 문화대혁명 시기의 담론들을 재동원하는 방식으로 나타나기도 하고, 때로는 그보다 더 나아가 문화대혁명 시기에 작동하던 조반파(造反派)의 조직적 연계망을 부분적으로 되살려 저항을 조직하는 경우조차 발견되기도 한다. 17년을 옥살이를 하고 나온 충칭 지역의 조반파 영수들은 '매국노를 타도하자'는 격문을 발표하기도 하였다.

문화대혁명 시절을 풍미하던 '모든 반역은 정당하다(造反有理)'와 '사령부를 포격하라'는 구호들은 사라지지 않고 마오쩌둥의 유령과 더불어 되살아나 다시 중국 사회를 배회하고 있는 것처럼 보인다. 1981년 「약간의 역사문제에 대한 결의」를 통해 문화대혁명 시기와, 이 시기 마오쩌둥의 오류에 대한 공식적 정리를 마치고 개혁개방 정책을 추진해 온 중국 정부로서는 문화대혁명 유령에 대한 푸닥거리는 끝났고, 그 과거는 더 이상 위험하지 않다고 간주하고 싶겠지만, 정부의 일방적 해석과 역사결의만으로 문화대혁명과 붙어있는 기억과 유령들을 완전히 없애버릴 수는 없었다. 복잡다난한 문화대혁명의 경과과정 자체가 늘 새로운 해석의 여지를 남기고 있고, 이로써 문화대혁명이 늘 현재 속의 역사의 문제로 재등장하는 것을 막기는 어렵다. 문화대혁명이 비극적 경험이었던 것은 분명하지만, 비극은 삶의 조건과 유리되어 있지 않기 때문에 지금 처해 있는 삶의 조건에 따라 비극을 해석하는 현재의 방식은 달라지기 마련이다.

문화대혁명에 대한 상이한 해석들

문화대혁명은 매우 복잡한 역사적 경험이기 때문에 그에 대한 해석 또한 접근하는 각자의 입장만큼이나 다양하고 상이한 방식으로 제기되어 왔다. 서로 다른 접근법들은 문화대혁명이 보여 준 어떤 특정 일면들에 더 강조점을 두기 마련인데, 문화대혁명은 그런 상이한 해석들 모두를 포괄할 만큼 복잡한 특징들을 보이고 있기 때문에 서로 상충되는 해석들 모두가 어떤 점에서는 틀리지 않은 해석이라고 말 할 수도 있다. 그렇지만, 중요한 점은 그 중 어느 한 해석에만 시야를 제한하면 문화대혁명이 왜 여전히 쟁점이 되고 있는지 이해하기 어려워

진다는 사실이다.

문화대혁명 연구에서 일반적으로 가장 많이 제기되는 해석은 문화대혁명을 권력투쟁으로 보는 시각이다. 이는 정치학적 접근에서 많이 제기되었으며, 이런 접근법은 특별히 중국에서 일어난 일들에만 한정된 것도 아니고, 그런 점에서 정치문제에 대한 매우 일반적인 접근법이라고도 할 수 있다.

권력투쟁설은 그 이해 방식에 따라서 다시 좁은 의미의 권력투쟁설과 더 넓은 의미의 권력투쟁설로 나누어 볼 수 있다. 좁은 의미의 권력투쟁설은 당 지도부 내의 권력투쟁에서 밀려난 당주석 마오쩌둥이 권력을 재장악하기 위해서 대중을 선동한 것으로 문화대혁명을 해석하는 것이다. 대약진의 실패를 책임지고 정치 실권을 국가주석 류사오치(劉少奇)에게 넘긴 마오쩌둥은 베이징의 정치무대에서 물러나 있었으며, 그 영향력은 계속 약화되고 있었다. 마오의 말처럼, 수도 베이징은 '바늘 하나 들어갈 틈이 없는' 상황이었으며, 이런 상황을 당내의 정상적 통로를 통해 뒤집을 수 없던 마오가 비정상적으로 대중을 부추겨 집권파를 제거하고 다시 권력을 장악하기 위해 마오식 방식을 선택했다는 것이다. 류사오치와 덩샤오핑(鄧小平)의 실각으로 마오는 이 목표를 달성하였지만, 이후 권력투쟁은 참가자를 바꾸어 다시 린뱌오와 4인방 사이에서 재개되었고, 린뱌오 실각 이후에도 마오의 사망과 그 이후까지 지속된다는 것이 이 접근법에서 해석하는 문화대혁명의 과정이다.

더 넓은 의미의 권력투쟁설은 이런 투쟁의 배경에 '두 가지 노선'의 대립을 놓음으로써, 권력투쟁을 권력을 둘러싼 개인적 욕망의 차원을 넘어서는 노선대립의 차원으로 이해하려 하지만, 이 경우에도 초점은 마오쩌둥의 행동에 맞추어지고, 마오쩌둥이 대중을 개입시켜 이런 노선투쟁의 대립을 확대해 정적을 제거하여 권력을 재장악하려 한 과정으로 문화대혁명을 해석한다는 점에서 좁은 의미의 권력투쟁설과 기본적으로 같은 접근법을 택하고 있다고 할 수 있다.

이런 두 가지 권력투쟁설 모두 그 분석의 시야를 중국공산당 최고지도부 내로 한정하고 있으며, 이 과정 전체를 마오가 주도해 간 계획된 과정이었다고 보고 있다. 또 당권파의 실각과 마오의 권력 재장악을 문화대혁명의 핵심적 측면으로 해석하고 있으며, 문화대혁명이 사회 전체로 확산되는 과정에 대해서는 상대적으로 덜 주목한다는 특징을 보인다.

물론 문화대혁명의 과정에는 최고지도부 내의 권력투쟁의 측면이 당연히 포함되어 있지만, 그렇다고 이것만으로 문화대혁명에 대한 전체적인 해석을 부족함 없이 끌어낼 수는 없다. 첫째로, 마오쩌둥의 목적이 단순히 권력 재장악이었다면, 이는 그 이전과 마찬가지로 당내 정풍운동이라는 방식으로도 충분히 그 목적을 달성할 수 있는 것이었다. 대약진 실패 이후라 하더라도 마오의 권위는 건재했고, 당내에는 마오에 대한 지지세력도 충분히 있었다. 마오는 대중을 전면적으로 동원하지 않고서 당내 권력을 재장악하고 자신이 원하는 방향으로 당의 정책을 바꾸어 낼 수 있는 위치에 있었다. 한 걸음 양보하여 이런 권력투쟁의 가설이 타당하다고 인정하더라도, 이런 권력 재장악이라는 목표는 1966년 8월의 8기 11중전회(중국공산당 8기 중앙위원회 11차 전체회의)에서, 또는 그보다 늦더라도 10월의 중앙공작회의에서 류사오치가 사실상 권력에서 밀려난 국면에 도달하면 기본적으로 달성되었기 때문에, 더 이상 류사오치를 대표로 하는 당권파에 대한 대중적 공세를 강화할 필요는 없었다고 할 수 있다. 그러나 문화대혁명이 더 급진적으로 폭발하는 것은 그 이후 시기였다.

둘째, 이 접근법은 대중을 수동적이고 쉽게 동원되는 동질적인 세력으로 간주하고 있는데, 이는 특히 사회주의를 전체주의로 보는 접근법의 한계였다. 이런 접근법에서는 극단적으로 문혁시기의 대중과 독일의 나치 치하의 대중 사이에서 유사점을 찾으려 시도하는 경우도 있었다. 그렇지만 문화대혁명 시기 대중은 단일 세력이 아니었고, 내적으로 매우 이질적이고 분열되어 있었고, 시기적·지역적으로 매우 상이한 모습으로 나타났다. 그러면서도 전국에 걸쳐 엄청난 규모로 운동에 참여하였는데, 단지 마오의 호소만으로 그렇게 큰 대중적 파급력이 나타났다고 설명하는 것에는 분명한 한계가 있다고 할 수 있다.

셋째, 이 접근법은 문화대혁명의 진행과정 중에 마오쩌둥이 통제력을 상실한 측면을 제대로 포착하지 못하고 있다. 특히 1967년에 전개된 일련의 상황에 대해 마오쩌둥은 통제력을 갖지 못하였으며, 사태가 미리 예상했던 과정을 거쳐 전개된 것도 아니었고, 마오쩌둥이 이에 대해 일관된 태도를 보인 것도 아니었다. 내부적으로 분열된 대중에 대해 마오쩌둥이 통제력을 회복해 간 것은 대중에 대한 직접적 영향력을 회복한 결과라기보다는 오히려 군의 개입을 통해서였고, 이는 다시 대중 내의 상당한 분열을 초래하였다는 측면 또한 강조할 필요가 있다.

넷째, 권력투쟁설은 문화대혁명이 사회주의와 관련해 제기한 질문들을 고려하지 못하였다. 문화대혁명의 핵심 질문은 사회주의가 과연 무엇인가라는 질문이었다는 점을 무시할 수는 없으며, 이에 대한 마오쩌둥의 하나의 해석으로 제기된 사회주의하의 계속혁명론, 즉 사회주의하에서도 자본주의의 길과 사회주의 길 사이의 투쟁은 계속되며 사회주의는 늘 자본주의로 복귀할 수 있다는 주장을 어떻게 볼 것인가라는 쟁점은 계속 남는다. 그리고 이와 관련해 문화대혁명 기간 중에 반복해서 등장한 파리코뮌 모델에 대한 모방의 노력들, 또 '신생사물'이라고 부르는 새로운 제도적·실천적 실험들을 단순히 권력투쟁이라는 말로 덮어버리기에는 남겨진 미해결의 쟁점과 난점이 적지 않다.

다섯째, 문화대혁명에 대한 이해에서 늘 난감한 점은 누가 희생자였는가 하는 질문인데, 권력투쟁설은 이에 대해서 적절한 답을 주기 어렵다. 권력투쟁설에 따르면, 마오쩌둥과 그를 둘러싼 급진파들 그리고 홍위병 세력이 가해자이고, 이들에 의해 권력에서 밀려난 당의 실권파들과 다수의 지식인들이 피해자가 될 터이지만, 문화대혁명의 과정을 좀 더 들여다보면, 피해자와 가해자의 이분법이 성립되기 어려운 착종성을 발견하게 된다. 시기에 따라 그리고 상황과 지역에 따라서 피해자의 층은 매우 달라지며, 가해자와 피해자가 수시로 뒤바뀌는 상황도 반복되었다. 특히 덜 주목받은 사실 중 하나는 문화대혁명의 과정에서 마오쩌둥의 열렬한 지지자로 알려진 급진파들, 즉 조반파가 문화대혁명의 주요한 희생자에 상당히 포함되어 있다는 점이다. 항상 조반파는 질서의 시기에 들어갈 때마다 대대적인 숙청의 대상이 되었다. 그런데 조반파에 대해 억압과 대량 살상을 자행한 세력은 때로는 권력투쟁의 모델에서 '피해자'로 구분된 세력, 그리고 1980년대 이후 권력의 중심에 포진한 세력들을 포함하고 있다.

여기서 우리는 '홍위병'이라 부르는 세력에 문화대혁명의 모든 책임을 덮어씌우는 해석에 다소 거리를 둘 필요를 느끼게 된다. 지식인 박해와 문물파괴로 정형화된 문화대혁명에 대한 해석은 이런 단순화한 이해를 재생산하고 있다. 그런데, 사실 문화대혁명 시기에 등장한 여러 가지 조직들은 각기 나름의 박해자로 등장한 바 있고, 그 과정에서 늘 상이한 피해자 또한 발생하였다. 누군가에 대한 공격을 주도한 조직들에는 당조직 '공작조'도 있었고, 그와 연결되면서도 대립한 홍위병이나 조반파도 있었고, 질서의 회복과정에 나타난 군관회·혁명위원회·전안조·공선대·군선대·군부 등 서로 기원이 다른 조직들이 있었다. 누가 누구와 대립하였고, 어떤 방식의 박해가 있었고, 그 피해자는 누구였는지, 또 이 조직들의 목표는 무엇이었는지가 매우 복잡하게 얽혀 있다고 할 수 있다. 또 더 나아가서, 문화대혁명에 적극적으로 가담한 다양한 세력 중에서도 그 이후에 큰 탈 없이 자리를 유지하거나, 더 지위가 올라간 사람들이 있는 반면, 그렇지 않고 무대에서 완전히 사라지거나 장기간 투옥되어 운명이 갈린 사람들이 있다.

이런 권력투쟁설의 한계를 지적하면서 제기되는 문화대혁명에 대한 두 번째 접근법은 문화대혁명을 마오쩌둥의 고결한 이상과 대안적 모델을 향한 유토피아적 전망의 결과로 해석하는 것이다. 여기에도 두 가지 서로 조금 다른 접근법이 포함되지만 양자는 하나로 묶일 수 있다. 첫 번째는 문화대혁명을 마오의 좌경노선의 오류의 결과로, 다시 말해 공산주의를 직접 건설하려는 마오의 열망이 '대란대치大亂大治'의 상황을 의도적으로 촉진한 것으로 해석하는 입장이 있다. 중국 당국의 공식적 입장은 이런 해석에 권력투쟁적 해석을 다소 가미한 것이라고 할 수 있다. 이런 마오의 열망은 대약진 시기에 이미 표출된 바 있지만, 대약진 실패로 후퇴하였다가 사회주의 교육운동의 시기부터 다시 전면에 등장하기 시작하였으며, 이 때문에 문화대혁명은 류사오치와 덩샤오핑의 실각으로 중단될 수 없었던 것이라는 해석이 제기된다. 또 당시 마오의 이런 열망의 배경에는 흐루시초프 등장 이후 중·소 논쟁이 보여주듯이 소련과의 관계가 악화되고 있었다는 국제적 정세도 작용하였다고 본다. 유토피아적 전망 모델의 두 번째 이해방식은 중국이 수정주의라고 비난한 소련 사회주의와 구분되는 새로운 대안적 길을 추구한 것으로 문화대혁명을 해석하는 것이다. 주로 해외의 마오주의자들의 해석에서 이런 이해방식이 많이 발견되었는데, 이에 따르자면 문화대혁명을 통해 사회주의에 대한 새로운 체계적인 전망이 등장하고 그에 걸맞은 이상적 체제가 형성되었다는 것인데, 이 논지의 주창자들은 이를 실제 사회 변화의 여러 측면들에서 구체적으로 발견해 내려는 노력들을 보였다.

이처럼 마오쩌둥식의 유토피아적 전망이 낳은 결과로서 문화대혁명을 보는 이 두 번째 접근법은 권력투쟁설과 달리 사회주의 전망을 둘러싼 논쟁과 관련해 여러 가지 함의를 던져주는 것은 사실이다. 그렇지만 이 접근법에 의존해서 사태를 보더라도 역시 여러 가지 한계가 나타난다. 첫째로, 이 접근법 또한 권력투쟁설처럼 마오쩌둥이 모든 사태를 자기 마음먹은 대로 이끌어 갔다는 과도한 단순화를 낳을 수 있다. 만일 그렇다면 문화대혁명은 마오쩌둥의 어록을 통해서, 그리고 좀 더나아가 중국의 홍보 책자들을 통해 충분히 해석될 수 있는 사건이 될 것이다. 그렇지만 마오와 대중이 일치했던 것은 아니며, 대중 내의 분파투쟁이나 전국적 상황은 마오의 구상을 통해서 해석될 수 있는 것만은 아니었다. 그리고 여기서도 가해자와 피해자를 단순하게 구분하는 이분법은 현실을 잘 설명해주지 못한다. 둘째로 문화대혁명기에 등장한 모든 대중조직의 분파들은 극단적인 급진파에서부터 보수적인 분파까지 모두 마오를 인용하여, 마오의 깃발 아래 운동을 전개하였다. 마오쩌둥에 대한 숭배는 매우 일반적이었지만, 각자가 동원하려는 마오와 그것을 통해 전개하려는 전망은 매우 달랐고 때로는 충돌하는 것이기까지 했다. 그 상이한 분파들은 서로 다른 맥락에서 마오쩌둥의 말들을 자기 정당화의 근거로 삼을 수 있었는데, 마오의 말들은 그만큼 서로 모순적으로 해석될 여지가 많은 것이었다. 셋째로, 문화대혁명의 결과 과연 어떤 제도적 변화가 나타났는지, 가시적인 유산으로 남은 체제의 변화가 있는지에 대해서도 질문이 제기된다. 그에 대해 적극적으로 그렇다고 이야기하기 어려울 만큼 문화대혁명은 결과를 놓고 보자면, 문제제기일 수는 있어도 해결책이라고 보기 어려운 측면이 많다. 새로운 변화를 보여주는 과장된 결과 보고들은 많지만, 그에 대한 반론들을 통해 이는 쉽게 부정될 수 있는 것들이기도 했다. 넷째로, 중·소 논쟁을 배경으로 내적인 결속력을 강화하려고 유토피아적 전망을 동원했다는 해석도 제기될 수 있지만, 사태가 진행된 방향은 전혀 그 반대로, 오히려 내전을 촉발한 상황에 가까웠다는 점에서도 문화대혁명을 수미일관된 과정으로 보기는 어렵다.

사실 마오쩌둥 자신은 문화대혁명 과정에서 때로 서로 충돌하는 지시나 입장을 택한 때도 많았고, 그것이 대중 사이의 대립을 더욱 격화시키기도 하였다. 그런 점에서 마오쩌둥이 대중운동을 촉발하고 지지하였지만, 반면 대중운동을 억누른 주역으로 해석될 수 있는 여지도 적지 않다. 1967년의 사태의 진행과정에서 마오쩌둥은 모호한 태도를 보인 경우가 많았고, 1967~1969년의 시기의 사태의 진행과정을 보면, 마오쩌둥에 대한 열렬한 지지파들이 결국 가장 억압적인 방식으로 진압당한 경우도 적지 않았다. 당에 대한 공격이 전면화되자 마오쩌둥은 급진적 입장에서 물러났고, 조반파에게 등을 돌리기까지 했다. 1968년 여름 당이 조반파에 대한 대대적 진압을 개시한 이후, 급진적 세력의 일부는 '두 개의 문혁론' 또는 '인민문혁론'의 입장을 전개하기도 하며, 이런 입장은 점차 마오에 대한 지지에서 이탈하여 마오쩌둥과 중국 공산당에 반대하는 입장으로 전환되기도 하는데, 이 또한 사태의 복잡성을 보여주고 있는 것이기도 하다.

그렇지만 문화대혁명 전개과정 전체에서 마오쩌둥이 중요한 역할을 했던 것 자체를 부정할 수는 없다. 마오쩌둥은 사태의 방향 전환의 주요한 계기마다 개입하였는데, 예를 들어 홍위병의 등장을 인정한 것, 공작조를 비판하고 철수를 지시한 것, 혈통론에 대한 비판, 당내 두 가지 노선을 강조한 것, 탈권의 인정, 1966년 10월과 1967년 4월 두 차례 조반파에 대한 대규모 복권, 홍위병 해체의 지시, 군의 개입, 대연합 지시, 공선대와 군선대 파견, 9차 당대회 등 문화대혁명의 주요한 기복은 마오의 지시를 무시하고 이해될 수 없고, 마오의 전폭적 지지가 없었다면 대중조직 사이의 전면적 갈등이 폭발하는 계기가 형성되지 않았을지도 모른다. 심지어 조반파의 전면적 등장도 불가능했을 수 있다. 그렇지만 마오의 개입은 또한 문화대혁명을 종식시키는 것이기도 했다.

문화대혁명에 대한 세 번째 접근법은 사회적 충돌설이다. 이 입장은 문화대혁명 이전에 누적되어온 사회의 모순이 문화대혁명의 공간 속에서 표출된 것으로 해석한다. 문화대혁명 이전 시기에 중국의 사회주의 건설과정에서는 상이한 모델과 노선들이 서로 대립하면서 부침해 왔는데, 이 과정에서 크게 두 가지 모순이 형성되어 왔다. 하나는 관료와 대중 사이의 모순이 형성된 것이고, 다른 하나는 대중들 사이에서 차별이 형성된 것이었다. 관료들은 점차 하나의 독자적인 사회세력으로 형성되어, 정부와 기업, 학교 등 주요한 곳에서 핵심적 지위를 장악하였으며, 이런 세력은 점차 세대를 이어서 재생산되는 형태로까지 발전하기 시작하였다. 다른 한편 대중 사이에서도 간부와 일반 노동자 사이에, 출신 성분에 따라서, 그리고 공장 내의 위계제에 따라서, 도시와 농촌 사이, 그리고 고정공과 임시 노동자 사이에 존재하던 차이의 격차가 점점 더 벌어져 차별의 형태로까지 발전하고 있었다. 특히 대약진 정책의 실패 후 1960년대 초반 조정기의 정책은 이런 관료제적 관리를 강화하고, 사회 집단들간의 다양한 차별을 강화하는 경향을 만들어 냈다. 마오쩌둥이 인민내부의 모순이라고 부른 3대 차이, 즉 도시와 농촌, 농민과 노동자, 간부와 비간부 사이의 모순은 상황에 따라 그것이 인민내부의 모순이기를 그칠 수도 있는 것이 되고 있었다. 대약진 실패와 대기근의 발생에 대한 책임 추궁에서도 그 대립은 대약진을 주도한 마오와 대중 사이의 대립보다는 관료들과 대중들 사이의 대립으로 나타난 측면이 크다. 문화대혁명의 과정에서 급진파가 관료를 하나의 계급으로 규정하고, 문화대혁명의 주요 공격대상으로 삼고 나서게 된 데는 이런 사회적 격차의 확대라는 배경이 놓여 있었다.

중앙의 문건에 대한 검토나 지도부 내의 대립에 초점을 맞추는 연구를 벗어나, 다양한 홍위병 분파들이 발간한 문건을 조사하고, 특정 지역의 문화대혁명의 전개과정 등에 대한 심층적 조사를 바탕으로 한 이런 사회적 충돌설 또는 문화대혁명의 사회적 기원론은 주로 일부 해외의 학자들을 중심으로 제기되어 왔다.

사회 내의 모순에 초점을 맞추는 사회적 충돌설에 대한 연구는 앞으로도 더욱 발전적으로 추구될 필요가 있는데, 다만 조금 더 넓은 맥락에서 보완될 필요가 있다. 우선 당시가 잠재적으로 존재하던 모순들이 직접적 사회적 충돌로 이어져 나타날 만큼 심각한 상황이었는지에 대해서는 이견이 있고, 그런 점에서 사회적 충돌설은 특정 측면을 다소 과도하게 강조하고 있다는 비판이 제기될 수 있다. 또 이런 사회적 모순들은 중국 이외의 사회들, 자본주의 사회들에도 매우 광범하게 존재하는 것이고, 오히려 더 심한 경우도 많았다고 할 수 있다. 그런데 왜 중국에서 그 시기에 그런 불만들이 문화대혁명 같은 폭발적인 대중운동 형태로 터져 나왔는가에 대해서는 더 많은 설명이 필요하다. 또한 문화대혁명이 제기하고 나온 구체적 쟁점들을 특이한 경험을 지닌 중국의 현실 사회주의 사회라는 맥락 속에서 설명할 필요도 있다.

이런 측면에서 문화대혁명을 같은 시기 좀 더 넓은 시대적 맥락 속에서 검토할 필요 또한 제기된다. 문화대혁명에서 갈등이 표출되는 방식의 핵심 쟁점 중 하나는 사회주의와 당의 관계, 문화대혁명 과정에서 당의 지도를 둘러싼 갈등의 증폭이었다. 마오쩌둥과 고위 지도부 내에서 태도의 모호성과 동요가 나타나고, 대중조직들 사이에서 파벌이 확대되고 충돌이 커진 배경에도 당에 대한 태도의 차이가 중요하게 작용하였다. 문화대혁명은 당에 대한 비판을 '자본주의의 길을 걷는 당권파'라는 수사학을 통해 제기하였고, 이를 비판하면서 전거로 삼은 대안적 모델은 마르크스가 『프랑스 내전』에서 분석한 바 있는 '파리코뮌'이라는 독특한 역사적 경험이었다. 그것을 다른 말로 표현하자면 문화대혁명 시기에 당에 대한 문제제기는 국가장치로 전환된 당조직에 대한 문제제기였다고 할수 있다. 문화대혁명은 당조직에 대한 비판에서 시작하였지만, 결국은 공격받은 당조직들이 원상태에 가깝게 복원됨으로써 끝맺음을 한 데서도 드러나듯이, 국가-당-대중 사이의 모순은 문화대혁명 시기 제기된 미해결의 중요한 쟁점이었다. 그렇지만 이는 단지 중국에만 한정되었던 문제는 아니다. 그리고 또 문화대혁명은 이를 단지 좁은 영역의 국가권력을 둘러싼 문제로 한정했던 것이 아니라, 그 쟁점을 사회 전체로 확대한 것이기도 하였다. 이렇게 쟁점이 사회로 확산되면서 권력의 자리는 좁은 의미의 국가권력에 한정된 것이 아니라, 사회 전체로 확대되게 된다.

이매뉴얼 월러스틴 등 세계체계 분석의 시각에서는 문화대혁명을 이른바 '68혁명'의 일환으로 설명하고 있다. 이 논지에 따르자면 국가권력의 장악과 사회혁명을 나누는 2단계의 구도를 지니고 있던 구좌파들에 대한 비판이 1960년대 후반 세계 도처에서 전개되었으며, 이를 1968년이라는 틀 속에서 묶어서 이해할 수 있다는 것이다. 비판의 대상이 된 구좌파에는 서유럽의 사회민주주의, 동방의 현실 사회주의(공산주의), 그리고 새로 독립한 민족해방 세력이 모두 포함되었다. 이 경우 모두 문제의 핵심에는 국가권력으로 전화한 당에 대한 비판이라는 쟁점이 놓여 있었다. 국가권력의 장악으로 유의미한 단절적 변화가 발생했는지, 국가권력의 장악은 왜 '사회혁명'으로 나아가지 못했는지, 당은 왜 또 하나의 국가장치가 되어 버렸는지, 반체계운동의 조직이라고 생각되었던 것들이 과연 계속 그러한 성격을 유지하고 있었는지, 평등과 자유는 무엇을 뜻하는지 등의 쟁점은 세계 도처에서 매우 유사한 문제제기로 터져 나왔다. 물론 문화대혁명은 '1968년' 시기 많은 운동들과 비교해 차이점이 있는 것은 사실이지만, 우리는 오히려 그 차이점을, 대부분의 '1968년'의 시도들이 위로부터의 강력한 억압에 부딪혀 실패하였기 때문에 '신화'가 되었던 반면, 문화대혁명은 위로부터의 적극적 지지를 얻으면서 '성공'하였기 때문에 오히려 '비극'으로 남게 되었다는 데서 찾을 수도 있다.

사실 1960년대 말에서 1970년대에 걸쳐 중국의 문화대혁명은 서구와 제3세계 여러 나라에서 새로운 세대의 저항을 이끈 하나의 '기호'이자 '구호'였고, 중국 바깥의 사람들이 바라보는 문화대혁명의 상이 매우 자의적이었을지라도 그것은 동시대적 사건으로 이해되었으며, 그로부터 서구와 제3세계 여러 나라가 일정한 영향을 받았다는 점을 무시할 수는 없다. 또 1960년대 이후 현대사회에 대한 여러 종류의 비판적 이론들이 직간접적으로 문화대혁명의 영향을 받았던 것도 사실이다. 문화대혁명은 그런 점에서 단지 1966년부터 몇 년에 걸쳐 중국에서 일어난 어떤 사건만을 의미하지 않고, 그보다 훨씬 더 포괄적인 이데올로기적 함의를 지니는 사건으로 이미 역사 속에서 작용해 왔다고 할 수 있다.

여러 가지 측면에서 문화대혁명은 프랑스 혁명과 닮은 측면이 있다. 정치적으로 새로운 질문들이 제기되는 계기였다는 점에서도 그렇고, 근대정치에서 대중의 위상과 관련된 문제가 제기된 대표적 사례였다는 점에서도 그렇다. 두 경우 모두 상층에서의 비교적 제한된 영역 내의 정치적 대립이 예기하지 못한 방식으로 크게 증폭되면서, 대중이 개입할 수 있는 공간이 대폭 열렸고, 그 결과 전혀 예측할 수 없고 제어되지도 않는 대중운동이 전개되었으며, 그것은 때로는 폭력적 형태로 나타나기까지 했다. 이는 '공포스러운 대중'의 등장과 그러한 대중에 대한 공포라는 현상 속에서 진행되었고, 많은 것들이 무너져 내린 만큼이나 다른 한편에서는 무너져내린 것들을 다시 되돌리려는 반응 또한 강하게 촉발시켰다. 그 결과는 마치

원점에 돌아간 듯 보였지만, 다시 돌아갈 수 없는 이데올로기적 단절점이 생겨나지 않을 수 없었다. 프랑스 혁명에 대한 해석에서, 제도적인 근본적 단절이 있었다는 혁명의 단계론의 주장과, 공포정치의 잃어버린 시간일 뿐이라는 주장, 그리고 그 어느 쪽도 아니라 이데올로기 혁명으로서 근대정치의 단절점이었다는 서로 대립적인 세 가지 입장이 병존하고 있다는 점은 문화대혁명을 볼 때도 적지 않은 시사점을 던져준다.

문화대혁명은 단일한 하나의 사건이 아니고, 여러 가지 상이한 흐름들이 착종된 매우 복잡한 역사적 경험이다. 그것을 하나의 흐름으로 축소하여 쉽게 설명하려 하기보다, 그 복잡성을 최대한 드러내는 노력이 훨씬 더 중요할 것이다.

문화대혁명 해석의 착종성을 보이는 중요한 쟁점 중 하나는 문화대혁명의 시기를 언제로 볼 것이냐는 문제이다. 중국 정부의 공식 견해는 '10년 대란'으로 보는 것인데, 이에 반해 '3년 문혁론'도 강력히 제기되며, 이런 후자의 견해에서 특히 중시하는 것은 문화대혁명 시기에 나타난 당과 대중 사이의 모순이다. 그런 시각에서 보자면 문화대혁명은 초기 3년, 그 중에서도 처음 1년 반 정도가 핵심 시기이고, 그 이후에는 점차 당이 주도하는 캠페인으로 성격이 전환되어가는 것으로 해석 된다.

문화대혁명^에 이르는 길

사회주의에 대한 이해의 대립: 두 가지 노선 갈등의 연원

사회주의 건설과정에서 중국이 본뜬 모델은 소련이었다. 중국은 소련과 마찬가지로 소유제도의 사회주의적 개조, 즉 사적소유를 국유와 집체소유로 전환하는 것을 사회주의의 출발점으로 간주했다. 1949년 중화인민공화국이 건립된 후 3년간의 경제회복기를 거친 다음에 중국은 1차 5개년계획 기간에 '과도기의 총노선'의 과정을 거쳐서 신민주주의혁명에서 사회주의 단계로 넘어가기 시작했다. 관료자본의 국유화에 이어, 도시의 사적자본주의를 국가자본주의적 방식을 통해 집체소유로 전환하고, 농촌의 토지를 초급합작사와 고급합작사를 거치면서 집체소유로 전환하여 1956년이 되면 소유제의 측면에서는 국유와 집체소유로 전환이 완료된다.

이처럼 소유제의 개조가 완료된 이후 중국 공산당 지도부 내에서는 사회주의의 전망을 둘러싼 대립이 드러나기 시작한다. 한편에서는 소유제의 사회주의적 개조가 완료되었기 때문에 계급이 소멸하였고, 이제 생산력을 발전시키는 것이 과제가 된다고 본 반면, 마오쩌둥을 중심으로 하는 다른 편에서는 사회주의와 자본주의의 길 사이의 문제가 완전히 해결된 것이 아니며, 과제는 단순히 생산력을 발전시키는 것이 아니라, 새로운 사회주의적 생산관계를 발전시키는 것, 그리고 혁명을 정치권력과 소유제 영역에서 다른 영역으로 확대하는 것이라는 견해를 제기하게 된다. 이런 두 가지 상이한 전망의 대립에서 마오쩌둥의 견해가 우위를 차지하면서, 1958년부터 사회주의 건설의 총노선, 대약진, 인민공사라는 '삼면홍기三面紅旗' 노선이 등장하게 된다.

소유제의 사회주의적 개조 이후 사회주의 시기에 대한 당시의 마오쩌둥의 견해는 부단혁명론으로 정리될 수 있다. 부단혁명론이란, 불균형은 항구적·절대적이고, 균형은 일시적·상대적이기 때문에, 모순은 항상 새로운 형태로 나타나고, 하나의 모순을 해결하면 또 하나의 모순이 제기되며, 따라서 혁명은 하나에서 그 다음 혁명으로 계속 영역을 바꾸어 전개된다는 논지이며, 이는 마치 전쟁에서 하나의 전투에서 승리를 거둔 후 곧바로 새로운 임무가 제기되는 것과 마찬가지라는 것이다.

이런 논지에 따르자면, 중국에서 혁명의 과제는 국가권력 장악의 정치혁명, 그 다음에 토지혁명, 다음 농업합작사와 소유제의 사회주의적 개조의 소유제 혁명의 순서로 진행되어 온 것으로 파악된다. 그리고 여기서 혁명이 끝나는 것이 아니라, 이제 혁명은 새롭게 정치전선과 사상전선에서의 사회주의 혁명으로, 그리고 또 기술혁명으로 새롭게 나아가야만 한다는 논지가 이어진다.

마오쩌둥이 대약진을 주창하고 나선 것은 이런 부단혁명론에 바탕한 것이었는데, 사회주의적 과제는 소유제의 개조로서 완료되는 것이 아니라, 사상 또는 정치적 상부구조에서도, 그리고 기술개조에서도 계속 문제가 된다는 점을 강조한 것이었다. 경제발전을 위해서라도 상부구조의 혁명, 또는 사회 조직의 혁명적 개조가 요구된다는 것이 마오의 입장이었고, 인민공사는 그런 새로운 변화의 조직적 기초로서 강조되었다.

이에 비해 문화대혁명기에 마오가 제기한 '계속혁명론'은 부단혁명론과는 다소 상이한데, 부단혁명론이 사회주의 달성의 과정에서 연이은 단계를 설정해 서로 다른 구체적 내용을 채워가는 것을 강조한다면, 문화대혁명기에 제기한 계속혁명론은 이런 적극적 유토피아라기보다는 자본주의의 복귀의 위협 속에서 사회주의 전시기를 이행기로 설정하는 네거티브한 규정으로 해석될 수 있다.

소유제의 사회주의적 개조 이후의 전망에 대한 대립은 당과 대중의 관계를 보는 입장의 차이에서도 나타났다. 마오는 당조직보다 대중을 우위에 놓고 있었는데, 이는 정상적 절차를 거쳐 당이 결정한 것을 따라야 한다는 입장, 그리고 당의 규율을 중시한다는 입장을 수용하지 않고, 당조직에 대한 대중의 우위라는 주장을 통해 늘 당의 조직적 결정을 우회하거나 거부하는 통로를 찾아낼 가능성을 열어둔 것으로 해석될 수 있었다.

이처럼 전망이 달라지면 사회주의하의 계급에 대한 인식 또한 대립적으로 나타나게 된다. 한편에서는 계급을 객관적 경제조건에 따라 규정되는 것으로 보고, 소유제의 개조에 따라 계급에 근본적 변화가 발생한 것으로 보는 반면, 마오에게 오면 계급은 훨씬 더 '정치적'인 규정성을 가지게 되고, 주관적 의식이 강조된다. 이렇게 이해될 경우 계급은 소유제의 사회주의적 개조로 사라지지 않고, 늘 새로운 정치적 조건 속에서 재생될 수 있는 것으로 이해된다.

마오쩌둥은 대약진이 시작되기 직전인 1957년에 발표한 「인민내부 모순의 올바른 처리 문제에 관하여」라는 글에서 사회주의하에서 계급의 재출현 가능성을 우회적으로 언급한 바 있다. 소유제의 사회주의적 개조에 의해 적대적 계급이 사라진 이후, 중국 사회의 주요한 모순은 적과 우리 편 사이의 모순이 아니라, 인민내부의 모순으로 전환되었고, 여기서 인민내부의 모순의 핵심은 '3대 차이'라는 것이 이 글의 요지였다. 그러나 아직도 사회주의적 길과 자본주의적 길 사이의 싸

움은 종료되지 않았고, 이런 상황하에서 인민내부의 모순은 언제든 적과 우리 편 사이의 모순으로 전환될 가능성이 있는 것이었다. 그리고 마오쩌둥에게 부단혁명은 바로 이런 인민내부 모순이 적대적인 형태로 전화되지 않도록 하기 위해 필요한 것이었다.

사회주의 교육운동과 사청운동

1958~1959년의 대약진 운동이 실패한 이후 마오쩌둥은 중앙당의 지도일선에서 물러나 국가주석 류사오치에게 주요한 일들을 넘겼다. 1960년대 초에는 대약진의 문제들을 해소하기 위해서 조정기를 겪게 되는데, 그렇지만 조정기에 대약진 시기의 문제들이 일부 해결된 반면 그 이전부터 사회주의와 관련해 제기된 문제들은 오히려 다시 더 부각되게 되었다. 조정기에는 자류지의 허용과 물질적 인센티브의 부여 등 경제적 요인이 중시되었고, 또한 동시에 국가가 주도하는 관료적인 위계구도가 강화되는 특징을 보였다. 국가는 사회질서, 행정효율성, 경제발전을 강조하였고, 교육제도 또한 소수 전문인에 집중되는 엘리트 교육체제를 갖추게 되었다.

이전부터 문제로 제기된 3대 차이는 조정기에 축소되기보다 오히려 더 심화되었다. 국가 재정투자가 도시에 집중되고 인민공사가 힘을 잃으면서 농촌과 도시, 농민과 노동자의 격차는 확대되었다. 공장 내에서는 경영자와 기술진의 힘이 더 커지면서 노동자와 간부, 육체노동과 지식노동 사이의 격차가 커졌다. 개수임금제와 보너스 제도의 확대, 고정공과 농촌출신 임시 노동자 사이의 격차는 계속 확대되었다. 당·정·기업의 간부들은 점차 관료로서 힘을 키워가고 있었다.

1963년에 들어서자 마오쩌둥은 조정기의 정치조류에 반대해 사회주의 대 자본주의의 '두 가지 노선'이 존재한다는 비판을 제기하고 나섰다. 그리고 이런 비판에 부응해 농촌을 중심으로 도시까지 파급되는 5반운동(오직절도, 투기매점, 겉치레 낭비, 분산주의, 관료주의에 반대하는 운동)과 사회주의 교육운동이 본격적으로 전개되었다. 사회주의 교육운동은 핵심적으로 4청운동(장부, 창고, 자재, 노동점수 면에서 간부의 부정이 없었는지를 심사하는 운동)이라는 형태로 전개되었는데, 이는 기본적으로 기층 관료들의 부패에 대한 정풍운동이었다. 그 대상은 농촌 인민공사에서 점차 도시의 기업으로도 확대되었다. 4청운동은 상부 당 조직이 공작조를 파견하여 기층 간부를 심사하는 방식으로 진행되었는데, 이 심사를 통과한 간부들은 '건물에 들어가 몸을 씻고 나온' 것으로 인정되었다.

4청운동은 많은 지역에서 문화대혁명으로 이어지는 고리가 되었다는 점에서 중요한데, 4청운동이 진행되던 대부분 지역에서는 4청운동이 자연스럽게 문화대혁명으로 이어졌고, 양자를 잘 이어서 진행하라는 지시가 하달되었다. 많은 지역에서는 4청운동 시기의 위로부터의 당 정풍운동과 문화대혁명의 운동방식 사이에 구분이 모호한 경우가 많았고, 문화대혁명의 초기 과정이 4청운동과 유사한 형태를 띠는 경우도 많았다.

사회주의 교육운동과 4청운동은 마오쩌둥의 제안으로 시작되었지만(「전 10조」), 이 과정을 주도한 것은 류사오치를 중심으로 한 당조직이었으며(「후 10조」), 그 방식은 주로 위로부터의 정풍운동의 형식을 택하였다. 4청운동의 시기에 문제가 있는 것으로 적발된 사람들은 많은 경우 과거에 여러 가지 이유로 정풍의 대상이 되거나 탄압을 받았던 사람들이었다. 이 때문에 4청운동 시기의 부당한 탄압은 이후 문화대혁명 시기의 대립의 토대를 형성하는 경우가 많았다. 한편 4청운동에는 많은 대학생들이 참여하였는데, 이들은 4청운동 과정에서 '자본주의 길을 걷는 당권파'에 대한 공격을 경험한 바 있고, 이를 통해 문화대혁명 시기에 조반파로 성장한 경우도 있었다.

4청운동 당시인 1964년 12월 마오쩌둥은 "관료주의자계급과 노동자계급·빈하중농은 서로 첨예하게 대립하는 두 계급이다. 이들 자본주의 길을 걷는 지도자는 노동자의 피를 빠는 자본주의 분자로 이미 변했거나 변해가고 있다"고 지적한 바 있어, 이후 문화대혁명 시기 제기되는 '두 가지 노선의 대립'과 '자본주의 길을 걷는 당권파'에 대한 논란은 이미 이 시기부터 시작되고 있었다.

당내 정풍^{에서 홍위병 운동까지}

당내 정풍에서 홍위병 운동까지

문예논쟁

1965년 1월에는 그 이전 2년간의 사회주의 교육운동을 총 괄하기 위한 당 중앙공작회의가 소집되었고, 여기서 류사오치 의 주도로 그간 경험에 대한 보고가 진행되었다. 그러나 마오 쩌둥은 이 보고에 이의를 제기하고 회의를 다시 주재하여 「농 촌의 사회주의 교육운동에서 제기된 약간의 당면 문제」(통칭 「23조」)를 통과시켰다. 이 「23조」는 류사오치가 주도한 당의 사회주의 교육운동 사업을 비판하면서 운동의 중점을 "당내 자본주의의 길을 걷는 당권파를 일소하는 것"에 맞추어야 한 다고 주장하였다. 문화대혁명의 핵심 쟁점이 된 "자본주의의 길을 걷는 세력(走資派)"이라는 용어가 여기서 본격적으로 등장하였는데, 이로써 류사오치와 덩샤오핑으로 대표되는 당 지도부 주류 세력에 대한 마오의 대립은 분명해지기 시작하였다.

「23조」가 제기한 문제들을 해결하기 위한 방식으로 본격적으로 문화혁명이 제기되었지만, 아직은 이전처럼 공작조를 파견하여 정풍운동을 진행하는 방식으로 운동이 수행되고 있었다. 이에 앞서 1964년 여름에는 베이징시 시장인 펑전(彭眞)을 위원장으로 하는 문화혁명 5인소조가 구성되어 문화혁명 사업을 담당하게 되었는데, 이 소조는 펑전 외에 루딩이(陸定一), 저우양(周揚), 우렁시(吳冷西), 캉성(康生) 등으로 구성되었으며, 그 중 마오의 측근은 캉성 1인뿐이었다.

1965년 11월에는 나중에 '4인방'에 속하게 된 야오원위안(姚文元)이 베이징시 부시장이던 우한(吳晗)의 역사극 「하이뤠이 파관」을 비평하는 "신편 역사극 '하이뤠이 파관'을 평한다"가 상하이의 「원회이빠오」에 게재되어 파문을 일으키기 시작했다. 야오원위안은 「하이뤠이 파관」이 역사극의 형태를 빌어 1959년 루산회의에서의 펑더화이 사건을 풍자하고 있다고 공격하였는데, 루산회의에서 펑더화이는 대약진의 책임을 물어 마오쩌둥을 공격하였다가 실각한 바 있다. 이런 문예논쟁은 사실 매우 정치적인 함의를 담고 있었고, 이런 문예비판은 곧바로 자본주의의 길을 걷는 세력들이 있다는 논지로 확대되었으며, 이에 대한 대대적인 정풍운동이 문화혁명 5인소조에 위임되었다.

문화혁명 5인소조는 아직은 문예·학술계에 머물러 있던 이런 쟁점에 정치적 의미를 부여해 더 확대시키지 않고, 대신 이를 학술토론 문제로 제한하여 당이 지도하는 문예계 정풍 운동 정도로 한정시키려 하였다. 이런 기조를 반영하여 문화혁명 5인소조는 1966년 2월 3일 「당면 학술토론에 관한 문화혁명 5인소조의 보고 제강」(이른바 「2월제강」)을 작성하였다.

당시 마오쩌둥은 베이징을 떠나 항저우와 상하이 지역에 머물고 있었는데, 문제를 학술토론 영역에 한정하려는 문화혁명 5인소조의 시도에 대해 반발하였고, 사태를 보는 상이한 입장 사이의 대립은 계속 증폭되어 결국 5월에 폭발하였다.

5.16통지

문예비판의 형태를 띤 정치적 대립은 5월 들어 첨예해졌다. 야오원위안은 다시 「'3가촌'을 평한다」는 글을 발표하였다. 대상이 된 '3가촌'이란 우한 외에, 베이징시 당위원회 서기 덩튀(鄧拓)와 베이징시 통전부 부장 랴오모사(廖沫沙)를 묶어 부른 것인데, 이에 대한 공격은 문예비판 형태를 띠었지만 기실 베이징시 당위원회를 겨냥한 정치공세의 성격을 띠고 있었다.

한편 마오쩌둥은 같은 시기 문예계의 문화혁명을 학교로 확대하여 '교육혁명'을 개시하자는 취지의 「5.7지시」를 발표하였다. 그 지시의 핵심 내용은 학제를 단축하고, 학생이 공·농·군을 겸하도록 하는 것이었는데, 그 배경에는 "부르주아 지식분자가 우리 학교를 통치하는 현상이 더 이상 지속되도록 놓아둘 수 없다"는 판단이 깔려 있었다.

이처럼 문화혁명의 정치적 색채가 점차 짙어지는 가운데 열린 중국공산당 정치국 확대회의는 5월 16일 「5.16통지」로 알려진 「중국공산당 중앙위원회 통지」를 통과시켰다. 이 「5.16통지」는 「2월제강」을 비판하려는 목적으로, 마오의 지시하에 마오의 정치·이데올로기 비서이자 마오사상 형성에 매우 중요한 인물인 천보다(陳伯達) 등이 중심이 되어 작성한 후, 4월 중순 항저우에서 소집된 정치국 회의에서 마오쩌둥의 발언을 포함하여 수정한 후 다시 마오쩌둥의 재수정을 거쳐 완성된 것으로 알려져 있다. 그 핵심적 내용은 문화혁명 5인 소조에 대한 비판, 문화혁명의 성격을 정치적인 것으로 전환하여 확대하고자 한 것, 공격의 대상을 '당·정부·군대와 각종 문화계에 잠입한 부르주아 계급 대표인물', 즉 '자본주의의 길을 걷는 세력'으로 지정한 것 등이었다.

「5.16통지」는 "부르주아 대변인들이 당 각 수준에 침투해 있다"고 판단하고, 이에 대한 전면적 공격을 개시할 것을 촉구하였다. 그 영역은 주로 '학술권위'에 한정되었고, 운동의 목표는 "프롤레타리아 문화대혁명의 깃발을 높이 들고, 이들 반당 반사회주의 소위 '학술권위'의 부르주아 반동입장에 대한 비판을 철저하게 드러내고, 학술계·교육계·언론계·문예계·출판계의 부르주아 반동사상을 철저하게 비판하여, 이들 문화영역의 영도권을 탈취"하는 것이 되었다.

이는 앞서 말한 부단혁명론의 영향하에, 상부구조 혁명으로서 문화혁명을 자리매김하고, 그 주영역을 문화로 한정한 사고로 볼 수도 있지만, "당·정부·군대 내에 침투한 부르주아 계급의 대표인물"이라는 주장에서 엿볼 수 있듯이, 그 공격 영역은 쉽게 문화계 외부로 확대될 수 있는 것이기도 했다. 왜 냐하면 "부르주아 대변인들이 당 각 수준에 침투"해 있으며 "이들 부르주아계급 학벌을 지지하는 당내 자본주의 길을 걷는 당권파, 이들 당내에 침투하여 부르주아 계급 학벌을 보호하는 부르주아 계급 대표 인물들 (중략) 당, 정부, 군대, 각종 문화영역에 침투한 부르주아 계급의 대표인물은 한 무리의 반혁명 수정주의 분자로, 시기가 성숙하면 정권을 탈취하여 프롤레타리아 독재를 부르주아 독재로 변환시키려" 하기 때문에 투쟁은 확대될 수 있고, 이 투쟁 즉 부르주아 계급과 프롤레타리아 계급의 대결은 한 계급이 다른 계급을 억압하는 독재의 시행이고 평등한 것은 아니기 때문이라는 것이다.

소련의 스탈린주의하에서도 계급 대오의 정풍운동은 반복해서 나타난 바 있다. 그렇지만 중국 문화대혁명 초기에 제기된 논리는 스탈린 하의 소련의 경험과 완전히 일치하는 것은 아니었다. 소련의 경우, 계급이 소멸했음에도 내부에서 새로운 문제가 계속 발생하는 이유를 '외부의 침투'에서 찾고, 내부 모순에서 찾지 않았던 데 비해, 중국 문화대혁명의 첫 단계에서는 계급의 존속 근거를 상부구조 혁명의 미완성에서 찾았다는 데 차이점이 있었다. 그러나, 그로부터 당연히 이어지는 질문들로 나아가면 모호해지는데, 왜 계급문제, 또는 사회주의적 길과 자본주의적 길 사이의 대립이라는 문제가 아직 미해결인지, 그 이유를 「5.16통지」처럼 당내에 침투한 부르주아 계급 세력에서 찾고 있다면 이 부르주아 계급 세력은 어디에서 연원하고 있는 것인지, 사상이 문제인지 아니면 더 나아가 토대의 문제인지, 그리고 이 문제에 대한 해결책은 당 고위 지도부 내의 정풍으로 가능한 것인지, 아니면 그보다 더 나아가야 하는 것인지 등의 쟁점에 대해서 이 시기 「5.16통지」는 아직 모호한 입장만을 보여주고 있었으며, 이 모호함은 이후 문화대혁명의 노선이 다양하게 분열되는 배경이 되었다.

「5.16통지」는 곧바로 공표되지 않고 1년이 지나서야 공개되었지만, 이는 문화대혁명의 강령적 문건으로 사실상의 문화대혁명의 개시를 알리는 사건이었다. 「5.16통지」가 통과되자 펑전 등이 작성한 「2월제강」은 폐기되고 문화혁명 5인소조는 해체되었다. 대신 정치국 상무위원회 산하에 중앙문화혁명소조가 결성되고, 천보다가 조장에, 캉성이 고문에, 제1부조장에 장칭(江青), 부조장에 장춘챠오(張春橋)·왕런중(王任重)·류즈젠(劉志堅), 그리고 조원에 셰탕중(謝鏜忠)·인다(尹達)·왕리(王力)·관펑(關鋒)·치번위(戚本禹)·무신(穆欣)·야오원위안 등이 임명되어 이후 문화대혁명을 주도해가게 되었다. 그러나 중앙문혁소조 자체가 문화대혁명의 다양한 기복을 반영하면서, 이후 그 구성원들이 하나 둘씩 연이어 비판받아 실각하고 교체되어 갔다.

「5.16통지」가 통과된 이후 이 입장에 따라 당 총정치부는

5월 25일 문화혁명을 학술계, 교육계, 언론계, 문예계, 출판계 다섯 영역으로 한정한다는 지시를 하달하였다. 그리고 문화대혁명은 바로 이 영역 중에서도 교육계, 특히 대학교와 중학교(초중과 고중, 즉 우리나라 기준으로 보면 중학교와 고등학교)를 무대로 확대되기 시작하였다.

공작조 문제

「5.16통지」 발표 이후, 중앙당 차원에서는 문화혁명 5인소조를 대체하는 중앙문혁소조가 꾸려졌지만, 이후 구체적으로 문화혁명의 방향을 어떻게 이끌어 가고 어떤 조직을 통해 이 문제를 해결할지의 방향에 대한 합의가 있던 것은 아니었다. 그 방향은 이 시기 베이징에서 벌어진 일련의 사건들에 의해 예기치 않은 쪽으로 흘러가기 시작했다.

5월 25일 베이징대학에서는 철학과 강사이자 철학과 당지부 서기인 니에위안쯔(攝元梓) 등 7명이 베이징대학 총장 겸 당서기인 루핑(陸平) 등을 '반사회주의 학술권위'로 공격하는 대자보를 붙였고, 여기서 문화혁명은 "이데올로기 투쟁이며 (중략) 반드시 이론적으로 반당 반사회주의 언론을 철저하게 논박해야" 한다고 주장하였다. 니에위안쯔 등의 대자보는 마오쩌둥의 지지를 받았으며, 6월 1일 중앙인민방송국을 통해 전국에 방송되었다. 5월 31일에는 중앙문혁소조장인 천보다가 이끄는 임시 공작조가 인민일보사를 접수하고, 이튿날인 6월 1일

「온갖 잡귀신(牛鬼蛇神)을 쓸어버리자」는 사론을 게재하였다. 이 시기부터 이미 문화대혁명의 공격대상에 대한 혼란은 시작되었는데, 반동 학술권위, 온갖 잡귀신, 사구四舊(구습성·구사상·구관습·구문화), 자본주의의 길을 걷는 세력, 부르주아 계급 당권파 등 문화혁명의 공격 대상은 여러 방식으로 지칭되었지만, 그것이 반드시 서로 일치하는 것은 아니었으며, 이후 각 운동 조직과 파벌에 따라 이에 대한 해석은 갈라졌다.

니에위안쯔의 대자보가 전국에 방송됨에 따라 학교 내의 문화혁명이 혼란스럽게 전개될 것을 우려한 당 중앙은 류사오치가 주재한 회의의 결정에 따라 6월 1일 전국적으로 대학과 중학에 공작조를 파견하여 문화혁명을 지도하기로 결정하였다. 그리고 이렇게 파견된 공작조는 「8조 규정」에 따라, 이 운동을 당의 지도에 따라, 제한적으로 질서있게 추진한다는 입장을 견지했다. 베이징에 파견된 공작조 조원수만 1만여 명에 이를 정도로 공작조 파견은 거대한 사업이었고, 공작조를 파견하지 않은 곳은 연락원을 파견하도록 하여 모든 학교를 그 대상지로 삼았다. 그러나 공작조는 '당내 실권파'에 대한 공격의 예봉을 틀어 주로 계급성분이 좋지 않은 지식인·교사·작가·학생들을 공격 대상으로 삼는 경우가 많았고, 이에 반발해 공작조에 비판적인 태도를 보이는 사람들을 곧 당에 대한 반대로 간주하는 사업 작풍을 보여, 공작조가 파견된 곳에서는 공작조에 대한 반발이 점차 커져갔다. 공작조 파견은 문화혁명을 질서 있게 추진하기보다는 오히려 그 반대 효과를 불러와 문화혁명이 대중적으로 적대적 형태로 촉발되는 계기가 되었으며, 당 내부의 대립을 증폭시키는 계기가 되기도 했다. 공작조가 파견되기 시작한 6월초에서 공작조 파견을 철회한 7월 말까지의 시기를 '초기 50일'이라고 부르는데, 문화대혁명의 주요한 대립구도는 이 '초기 50일'에 형성되었다.

공작조의 파견 후 한편에서는 공작조와 공작조를 지지하는 세력이, 그리고 다른 한편에서는 공작조에 반대하는 세력이 형성되어 도처에서 두 세력 사이의 대립이 격렬해지기 시작했다. 당조직의 위계를 중시하는 공작조는 각 학교에서 당조직 노선에 반대하는 세력들을 문화혁명의 대상으로 삼았고, 당조직을 '조반造反'의 대상으로 삼지 못하도록 한 반면, 공작조에 반대하는 세력들은 학교 행정기구와 당조직을 '부르주아 학술권위'로 간주하고 이에 대한 공격이 문화혁명의 핵심이라고 생각하였다. 공작조에 반대하는 세력들은 전국에 방송된 니에위안쯔의 대자보나 6월 1일 「인민일보」의 사설이 자신들의 주장을 지지하며, 공작조의 행태는 이런 「인민일보」의 사설과 배치되고 문화혁명을 억압한다고 주장하였다.

6월 18일 오전 베이징대학에서는 공작조가 회의를 열고 있던 시간에 화학과, 생물학과, 동양어과 등의 학생들이 '반동 학술권위'로 지목된 40여 명의 학교 간부와 교수·학자들을 끌어내 비판대에 올리고, 자백을 요구하고, 목에 팻말을 걸고, 얼굴에 검은 칠을 하고, 고깔모자를 씌우고, '제트기를 타게(상체를 앞으로 내밀고 허리를 굽힌 채 엉덩이를 뒤로 내미는 엉거주춤한 모욕

적인 자세를 강요하는 것) 하고', 교내를 끌고 다니는 비판대회를
개최하였다. 베이징대에 파견된 공작조는 이를 강력하게 비판
한 반면, 니에위안쯔는 이를 '혁명적 행동'으로 주장하여, 대립
은 첨예해졌고, 이 문제에 대한 판단은 당 중앙으로 넘겨졌다.

이후 공작조 대 반공작조의 대립은 학교마다 첨예하게 나
타나, 6월 20일 베이징지질학원과 베이징사범대학에서도 충
돌이 벌어졌다. 6월 21일에는 칭화(淸華)대학 학생인 콰이다푸
(蒯大富)가 학교 당위원회와 공작조의 수중에 있는 권한을 빼
앗아오자는 '탈권脫權' 투쟁을 제창하여, 공작조와 날카롭게
대립하였다. 칭화대 공작조와 공작조를 지지하는 세력은 '반
공작조는 반당'이라는 주장을 내세워 콰이다푸에 반대하는 투
쟁을 전개하였으며, 여러 차례 계속된 이 투쟁에서 강하게 비
판받은 콰이다푸 측 학생 한 명이 자살하기에 이르렀다. 콰이
다푸는 공청단에서 제명되었고, 18일간 감금되었는데, 이에
대해 단식으로 항의하였다.

공작조를 옹호하는 세력은 공작조를 중심으로 '문화혁명위
원회' 또는 '문화혁명 주비조'를 결성하였고, 공작조에 반대하
는 세력을 '반당세력' '우파' '반혁명분자'로 몰아 공세를 강
화했다. 각 학교에서 수적으로 소수인 반공작조 세력들은 궁
지에 몰렸고, 영향력을 확대하기 어려운 상황에 놓였다.

이제 공작조를 둘러싼 대립은 개별 학교를 넘어서 중앙당
의 문제가 되었다. 공작조 파견을 유지할 것인지, 철수할 것인
지를 둘러싸고 당 중앙 내에 첨예한 대립이 발생하였다. 류사

오치와 덩샤오핑 등 공작조 파견을 주도한 측은 공작조 파견을 철회할 수 없다는 태도를 보였고, 중앙문혁소조를 이끌던 천보다는 공작조 철수를 요구하였다. 중앙문혁소조와 조반파가 느끼기에 '문화혁명의 불길은 소멸될 위기'에 있었다.

양 파 사이의 대립이 해소되지 않는 채로 한 달을 지속하고 있던 시점에 우한(武漢)에 가있던 마오쩌둥이 7월 18일 베이징의 정치무대에 복귀하였다. 복귀하여 공작조 활동을 보고받은 마오쩌둥은 7월 24일 류사오치와 덩샤오핑을 비판하고, 공작조 철수를 지시하였다. 이로서 '초기 50일'은 종료되었지만, 대립은 본격적으로 폭발하기 시작했다.

베이징에 돌아오기 전 마오쩌둥은 7월 8일 부인인 장칭(江青)에게 보낸 편지에서 "천하대란은 천하대치에 이른다 (중략) 중국에서 우파정변이 발생한다면 (중략) 그 때 우파는 나의 활발한 세력을 이용할 수 있을텐데, 그 때 좌파는 반드시 나의 또 다른 활발한 조직을 이용하여 우파를 타도할 수 있을 것이다"라고 하면서, 노선 간의 대립이 증폭되어 좌우파 사이의 첨예한 갈등으로 증폭될 가능성을 배제하지 않고 있었다.

문혁 16조

공작조가 학교에서 철수하자 공작조를 반대해 온 조반파들의 영향력은 확대되었다. 조반파 학생조직들은 공작조뿐 아니라 공작조를 옹호해 온 학교 당국에 대한 비판 공세를 강화하였다. 공작조 철수를 요구해 온 중앙문혁소조가 조반파에 대해 갖는 영향력 또한 커지고 있었다.

이처럼 공작조가 철수한 상황에서 8월 초 8기 11중전회가 소집되어 문화혁명의 방향을 둘러싼 논의가 전개되었다. 마오쩌둥은 이 모임에서 8월 4일부터 공세를 펴가기 시작하여, 8월 7일에는 「사령부를 포격하라-나의 대자보」라는 문건을 발표하였다. 여기서 마오쩌둥은 "중앙에서 지방까지 일부 지도부 동지들이 (중략) 반동적인 부르주아계급의 입장에 서서, 부르주아계급 독재를 실행하고 있다"며, 두 개의 노선, 두 개의 사령부의 문제를 제기하고 나섰다. 이제 문화혁명은 문예계에 한정된 것이 아니라 당 자체를 둘러싼 광범한 정치 운동으로 성격이 바뀌게 된 것이었다.

이런 마오쩌둥의 입장을 받아 8기 11중전회는 8월 8일 문화대혁명의 핵심 지침이 되는 기본 문건인 「프롤레타리아 문화대혁명에 관한 중국공산당 중앙위원회의 결정」(이른바 「16조」)을 통과시켰다. 이 문건은 7월 초부터 마오쩌둥의 지시하에 천보다, 왕리 등 7명이 초고를 작성한 후 20여 차례의 수정을 거쳐 최종 통과된 것이었다. 모두 열여섯 개의 조문으로 구성된 이 문건은 문화대혁명을 이해하는 데 매우 중요하기 때문에 그 전문을 이 책 부록에 수록해 두었다.

이 「16조」는 명시적으로 당내 '자본주의의 길을 걷는 당권파'를 공격 대상으로 삼고, 상부구조의 개혁을 그 목표로 삼고 있다. 그 방법으로는 4대 민주라는 대명大鳴, 대방大放, 대자보大字報, 대변론大辯論이 제시되었고, '문화혁명소조, 문화혁명위원회, 문화혁명대표대회'의 설치를 결의하였다. 또한 95%의 단결을 내세웠는데, 역으로 보자면 5%의 문제분자가 있음을 천명한 셈이고 이들이 공격대상이 됨을 말하는 것이었다.

또 이 초안을 작성한 천보다가 강조했듯이 「16조」는 파리코뮌의 원칙을 명시적인 준거점으로 삼고 있는데, 이는 주로 혁명위원회 선출시 파리코뮌 원칙에 따른 전면선거와 인민소환을 내세우고 있는 데서 나타난다. 4조에서 대중이 운동 중에 스스로 자신을 교육하도록 한 것 또한 파리코뮌에 대한 준거라고 이야기된다. 파리코뮌은 문화대혁명 기간 중에 줄곧 중요한 전거로 등장하였는데, 1871년 등장한 파리코뮌은 특히 마르크스가 『프랑스 내전』에서 국가권력과 국가장치를 구분해 프롤레타리아 독재에 대한 새로운 사고를 전개하는 출발점이 된 바 있고, 이로부터 국가장치의 파괴와 국가의 사멸이라는 쟁점이 등장하였다. 후에 러시아 혁명과정에서 레닌은 『국가와 혁명』에서 이를 발전시켜 국가장치의 파괴를 진행하는 반(半)국가로서 소비에트 국가라는 국가소멸론을 제기한 바 있다. 파리코뮌에 대한 전거는 이 「16조」에서 뿐 아니라, 1967년 2월 결성된 상하이인민공사(그 영어 표현은 상하이코뮌이다), 그리고 나중에 문혁 급진파들의 주장 속에서도 계속 반복적으로 나타난다.

이 「16조」는 대중적으로 공표된 문화대혁명에 대한 최초의 당의 공식 입장이었으며, 문화대혁명의 본 무대가 대중조직에게 넘어가고 있음을 알리고, 이 운동이 당에 대한 대중조직의 공격으로 전화될 수 있음을 알려주는 계기이기도 했다. 그러나 동시에 「16조」는 여전히 당이 주도하는 운동이라는 범위에 문화대혁명을 한정하고 있었고, 다만 당의 정풍을 위해 대중의 참여를 확대한다는 범위 내에 머물러 있었으며, 또한 이러한 운동이 상부구조에 대한 혁명이라는 틀을 넘어서고 있는 것은 아니었다.

「16조」가 발표되고 8기 11중전회가 끝난 직후인 8월 18일 베이징의 천안문 광장에서는 '프롤레타리아 문화대혁명 경축대회'가 열렸고, 여기에 백만 명의 홍위병들이 참석하였다. 문화대혁명의 공간에 본격적으로 등장한 새로운 조직체인 홍위병과 더불어 문화대혁명은 격동의 시기에 들어선다.

홍위병의 결성과 혈통론

마오쩌둥의 문화혁명에 대한 호소에 가장 빠르게 대응해 조직된 단체는 홍위병이었다. 홍위병은 5월 29일 칭화대학 부속중학교에서 맨 처음 결성되었으며, 이후 전국 각지의 초등중학 및 고등중학으로 확대되었고, 8월 들어서는 대학으로도 확대되었다. 칭화대부중에서 처음 결성된 홍위병은 인민일보 기사에 인용된 마오의 어록에서 '조반유리造反有理'라는 단어를 찾아내, 「혁명적 조반정신 만세」 연작 세 편을 발표하여 이 글을 장칭을 통해 마오쩌둥에게 전달하였으며, 이 글이 마오쩌둥의 칭찬을 받은 후, 이들의 구호 '조반유리'는 문화대혁명의 핵심 구호로 자리잡게 되었다.

이후 홍위병 조직은 급속도로 퍼져나갔다. 그렇지만 홍위병은 전체적으로 단일한 세력은 아니었으며, 그 내부에 매우 상이한 배경과 전망을 지닌 학생들로 구성되었고, 이후 홍위병내의 분열은 문화대혁명의 파벌대립을 촉발한 주요한 요인으로 작용하였다. 이 시기에 결성된 홍위병에 대해서도 위로부터 파견된 공작조와 긴밀한 연관하에 결성된 홍위병, 그리고 그와 정반대로 공작조에 반대해 결성된 홍위병, 이와는 다소 상이한 맥락에서 혁명적 열정으로 결성된 홍위병 등 매우 이질적인 세력들이 혼재되어 있었다. 홍위병 내에는 사회적·정치적 지위 상승을 도모한 세력도 포함되어 있었고, 공작조가 주도한 경우처럼 마오쩌둥식의 공격의 급진적 방향을 돌려 오히려 당조직을 보호하기 위해 당조직이 중심이 되어 조직한 홍위병도 있었으며, '자본주의적 길을 걷는 당권파'를 공격하는 급진적 조류도 포함되어 있었다.

그런데 이들 중 초기 시기인 6~7월을 주도한 것은 위로부터 공작조의 일정한 지지를 받아 결성된 홍위병들이었다. 중국에서는 이렇게 문화대혁명 초기 50일에 결성된 홍위병들 또는 그 이후에도 공작조의 지지를 받아 결성된 홍위병을 보통 '노홍위병' 또는 '노병老兵'이라 부르고, 그에 대립하고 공작조에 대립해 결성된 홍위병들을 '조반파'라고 일반적으로 부른다. '노홍위병'은 '보황파保皇派' 또는 '보수파'라는 이름으로 지칭되기도 하였다. 보황파 홍위병과 조반파 홍위병은 서로 상이한 계급적 전망과 운동의 방식에 따라 결성되었으며, 조직 차원에서도 서로 상이한 연대조직을 형성하여 개별 학교들을 넘어서 지역 차원의 대립구도를 형성하는 것이 일반적이었다. 1967년 들어서면 이런 대립구도가 홍위병 조직을 넘어서게 되어, 공장 내에 결성되는 대중조직들도 비슷한 대립구도를 형성하였으며, 때로는 동일한 조반파의 이름을 내걸고서도 다시 보수파(보황파)와 조반파가 쪼개지는 대립구도가 형성되는 경우가 많았다.

이처럼 초기 홍위병 결성에서 서로 다른 노선 대립이 격화된 배경에는 '혈통론' 논쟁이 작용하였다. 즉 누가 문화혁명을 주도할 자격이 있는가라는 질문에 대해 초기 홍위병들이 제시한 기준은 다섯 가지 붉은 범주(紅五類)였는데, 홍위병의 자격 기준이 된 이 '홍오류'에는 혁명간부·혁명군인·혁명열사·노동자·빈하중농 가족의 자제가 포함되었다. 그 중에서도 실제 홍위병 결성을 주도한 세력은 고급 당간부의 자제들인 경우가 많았다. 베이징의 고급 간부 자제들이 많은 칭화대학 부속중학이나 런민(人民)대학 부속중학 등이 홍위병 결성의 선두주자였던 것도 이런 사실과 무관하지 않다. 이는 대학의 경우도 마찬가지여서, 1966년 7월 칭화대학에서 처음으로 홍위병 결성을 주도한 것은 류사오치의 딸과 허룽(賀龍)의 아들 등 고급간부 자녀들이었다.

홍오류의 반대 쪽에는 '흑오류黑五類' 또는 '흑칠류' 등의

'반동분자 범주'가 있었는데, 흑오류에는 구지주·구부농·반혁명분자·악질분자·우파분자의 자녀들이 포함되었고, 이들은 홍위병에 참여할 수 있는 자격이 박탈되었을 뿐 아니라, 공작조 파견 시기에 공작조와 초기 홍위병들의 주요한 공격대상이 되었다. 이런 이유 때문에 이들 중 많은 이들이 나중에 조반파에 참여하게 되며, 또 일부는 '소요파'로 돌아서 아예 격동에서 비껴서는 태도를 보이기도 했다.

초기 홍위병의 타격대상은 '당내 자본주의의 길을 걷는 당권파'보다는 이들 흑오류 분자 및 그 자녀들에 집중되었으며, 그 외에도 과거 혁명과정에서 재산을 몰수당한 공상업자, '반동파'로 몰린 적이 있는 구정당 및 관료 세력, 해외에 친척이 있는 사람들, 상급당에 의해 '반동 학술권위'로 찍힌 지식인들, 여러 차례 정치운동에서 핍박받은 바 있는 문화계 인사들과 그 가족들이었다.

홍위병은 8월 18일 마오쩌둥과 중앙 간부들이 천안문 광장에서 백만 홍위병을 사열하면서, 중앙의 정식 인정을 받았는데, 이 집회를 전후한 8월 시기의 초기 홍위병들의 활동은 주로 '4구타파' 즉 구사상·구문화·구풍속·구습관을 타파하는 활동에 초점을 맞추었다. 이는 거리 이름을 '반수정주의로' 등으로 개명하는 활동에서 시작해, 유교적 전통을 상징하는 문물들의 파괴, 죄명을 씌워 사람들을 박해하는 활동, 가택의 무단 수색, 혐의자 구타 등으로 이어졌다. 그런데 이처럼 홍위병의 활동이 격렬하게 일어난 '붉은 8월'의 '4구타파'나 '홍색테러'의 박해자에 대한 기억은, 사실 홍오류론을 전거로 삼아 조직된 고급간부 자제들 중심의 '보황파' 홍위병들의 박해의 기억이 더 두드러진다. 이처럼 운동의 방향이 4구타파에 맞추어지면서 '당내 자본주의의 길을 걷는 당권파'에 대한 공격은 상대적으로 덜 중심적인 것이 되었다.

초기 홍위병들은 당조직과 긴밀한 관계에 있는 경우가 많았으며, 운동의 방향이 고위간부인 자신들의 부모를 향하게 되면, 부모들의 지위를 지키려는 보수적 지향으로 전환되는 경우가 많았다. 나중에 마오쩌둥은 혈통론에 입각한 이들 초기 홍위병들에 대한 평가를 변경하여 '혁명파 이름 하에 수정주의 분자들이 조직한 것이지만 사실상은 보수파 조직이며 반동조직'이라고 비난한 바 있다. 그러나 주의할 점은 4구타파의 명분하에 여러 악행을 저질렀고 '붉은 8월'이나 '홍색테러'를 주도한 고급간부 자제들로 구성된 이들 초기 홍위병들은 문화대혁명의 고비가 잦아든 후 벌어진 각종 계급대오 정돈이나 '폭행·파괴·총기탈취분자' 검거의 대상에서 제외되었으며, 그들 중에는 이후에 정치적으로 탄탄대로를 걸은 경우도 많았다는 점이다.

4구타파나 혈통론을 명분으로 삼은 조직적인 탄압은 대학생 홍위병 경우보다 중학생 홍위병의 경우에 더욱 심했다. 대학에서는 학교의 '반동 학술권위'나 공작조의 문제가 훨씬 더 쟁점이 되었던 반면, 중학교의 홍위병들의 경우는 '4구타파'나 '온갖 잡귀신'이 더 중요한 문제가 되었고, 지식인에 대한 박해가 초반부터 매우 심하게 나타났다. 이는 대학교와 중학교의 학생 구성이 달랐기 때문에 나타난 현상이었다. 중학교의 경우는 다양한 출신성분의 학생들이 한 반에 섞여 있어, 홍오류와 흑오류가 명확하게 구분되었다. 이 때문에 근처에서 쉽게 발견되는 출신성분이 좋지 않은 학생들이 쉽게 공격 대상이 되었고, 홍오류 출신 홍위병들의 탄압에 노출되어 있었는데, 이런 사정은 특히 고등중학보다 초등중학에서 훨씬 더 심했다.

이에 비해 대학의 경우는 1960년대 들어서면 이미 출신성분에 따라 입학자격이 결정되어, 흑오류로 분류되는 가정 출신은 애초에 대학 진입 자체가 봉쇄되어 있던 상태였다. 따라서 대학생 사이에서는 홍오류와 그렇지 않은 보통 가정 출신(예를 들어 지식인 가정) 사이의 대립이 형성되어 있긴 했지만 출신성분 때문에 조반에 참여를 못하거나 지도 역할을 맡지 못하는 경우는 없었다. 또 출신 배경과 소속 홍위병 파벌이 일대일 대응 관계를 이룬 것도 아니었다. 대학 홍위병의 급진 조반파의 영수들 중에는 간부 가정 출신도 적지 않았다. 보통 베이징 조반파 홍위병의 '5대영수'로 일컫는, 베이징대학의 니에웬쯔, 칭화대학의 콰이다푸, 베이징사범대학의 탄호우란(譚厚蘭), 베이징항공학원의 한아이징(韓愛晶), 베이징 지질학원의 왕다빈(王大賓) 등은 흑오류 출신은 아니었다.

좋은 가정 출신의 노홍위병들은 일반적으로 적극분자에서 공청단을 거쳐 당원으로 가는 길을 걷고 있었으며, 정치적 지향이 강했고, 권력의식과 내부적 경쟁이 심한 상태였다. 이에 비해 중간 혈통의 학생들은 출신성분의 결함을 혁명적 행위로 보완하려 하였고 이 때문에 외부로 드러나는 태도인 '표현'을 중시했다. 일부 학교에서는 이처럼 표현이 좋지만 출신성분은 좋지 않은 학생들을 보호하려 한 교사나 교장들이 초기 홍위병들의 공격 대상이 되기도 했다. 부모의 정치적 지위가 중요한 사회였기 때문에, 자신들의 부모가 당조직의 위계에서 학교장이나 교사들보다 더 높은 지위에 있는 경우에 학교장이나 교사에 대한 공격에 쉽게 나설 수 있었다.

혈통론 논쟁은 8월초 베이징항공학원 부속중학 홍위병이 "부모가 혁명을 하면 자식은 멋진 놈, 부모가 반동이면 자식은 개자식"이라는 댓구를 베이징 각 대학에 붙이면서 더 격렬해졌다. 8월 12일에는 고급간부의 자제이자 혈통론의 대표적 논객인 베이징공업대학 학생 탄리푸(譚力夫)가 여기에 이어서 "부모가 혁명을 하면 자식은 후계자, 부모가 반동이면 자식은 배신자"라는 구절을 추가하고, 8월 20일 베이징공업대학 내의 논쟁에서 자신의 주장을 전개한 「베이징공업대학 변론회에서의 발언」을 통해 혈통론을 정당화하여 논쟁의 불길에 기름을 부었다. 탄리푸의 「발언」은 빠른 속도로 전국에 전파되었다. 이처럼 혈통론을 둘러싼 대립이 첨예해지자, 이는 다시 공작조를 둘러싼 태도의 차이로 나타나, 혈통론자들은 공작조의 옹호로, 반혈통론자들은 공작조 비판으로 갈라서게 되었다.

7월 말 마오가 공작조의 철수를 지시하고 혈통론 논쟁이 격화되는 속에서 조반파 홍위병들의 세력은 이전에 비해 커지고 있었고, 그에 따라 홍위병 조직들 사이의 대립은 격화되었다. 베이징 소재 대학들의 '5대영수'를 중심으로 조반파 홍위병 조직들이 결성되었고, 이들은 공작조 철수 이후에도 공작조 조장에 대한 비판대회를 개최하여, '보황파' 홍위병들과 충돌하기 시작하였다. 8월초부터 대학에서 보황파와 조반파 홍위병 조직들이 잇달아 결성되기 시작하였다. 양 파 사이의 대립은 격화되어 9월 7일에는 보황파 조직인 시청(西城)규찰대와 조반파 조직인 베이징지질학원 동방홍 사이에서 무장투쟁이 벌어지기까지 하였다.

조반파의 공격 대상은 공작조뿐 아니라 공작조와 연관된 각 분야의 당조직까지 포함하였다. 중앙문혁소조는 이처럼 당조직에 대한 조반파의 공세가 강화되자, 이에 대한 명확한 기준을 제시하려는 목적에서 8월 23일 『인민일보』 사설 「공농병은 혁명 학생을 단호히 지지하라」를 발표하여, 당 중앙과 각 지역 당조직을 구분하여 후자를 조반파의 공격대상으로 사실상 허용하였다. 여기서 각 지역 당조직에 대한 조반은 당이나 당 중앙에 대한 반대가 아니라는 점이 명확히 확인되었다.

노선과 운동 방향에서 차이를 보인 두 대립 세력은 단일 학교의 틀을 넘어서서 한 지역 전체를 아우르는 조직의 결성으로 나아가는 경우가 일반적이었다. 베이징의 경우 혈통론을 따른 보황파 조직들은 제1사령부(一司)와 제2사령부(二司), 수도 홍위병 규찰대 등을 결성하였고, 이들 조직이 12월에는 연

동聯動(수도 홍위병 연합행동위원회)으로 재통합되었다. 반면 조반
파 홍위병 조직들은 제3사령부(三司)와 수도 마오쩌둥 사상 홍
위병단 등의 조직으로 뭉쳤다. 베이징의 대표적인 조반파 홍
위병 학교별 조직에는 베이징대학의 신베이따코뮌(新北大公社),
칭화대학 징강산(井岡山), 베이징항공학원의 베이항홍기전투대
(北航紅旗戰鬪隊), 베이징지질학원의 동방홍코뮌(東方紅公社), 베
이징사범대학의 징강산코뮌(井岡山公社) 등이 있었는데, 나중에
조반파 내부의 분열의 시기가 되면 이중 앞의 셋은 천파天派
로, 뒤의 둘은 지파地派로 다시 쪼개졌다.

혈통론은 1966년 10월 중앙공작회의에서 명시적으로 반혁
명 노선으로 비판받았는데, 이 이후에는 혈통론에 기반한 홍
위병 세력은 급격히 약화되어 갔다. 그렇지만 지역별로 상황
이 달랐고, 광뚱성(廣東省)처럼 보수파 홍위병과 급진파 홍위병
의 대립구도가 계속 지속된 지역도 적지 않았다. 보수파 홍위
병의 세력이 약화되지 않고 지속된 것은 특히 변경지역에서
나타난 일반적인 특징이었다. 그리고 혈통론이 비판받고 혈통
론에 반대한 세력이 인정을 받았다고 해서, 혈통론을 반대한
조반파들이 액운을 늘 벗어난 것도 아니었다. 그 대표적 사례
가 위뤄커(遇羅克)의 경우인데, 「출신론」이라는 글을 써서 혈통
론에 대한 공세의 전면에 섰던 중학생 조반파 출신 위뤄커는
혈통론을 반대하는 입장에도 불구하고, 부모가 자본가 출신인
데다 그 주장이 당조직 전체를 공격하는 함의를 가지고 있어
서 반혁명분자로 체포되어 사형에 처해졌다. 이와 대조를 이

룬 것이 혈통론을 열렬히 주창한 탄리푸의 경우다. 그는 문화
대혁명 시기 일시 고초를 겪기도 했지만, 그 후 탄빈(譚斌)으로
개명해 20여 년간의 인민해방군 생활과 당정 활동을 거쳐 나
중에 베이징 고궁박물관 당위원회 서기까지 올라갔다.

　조반파 급진 홍위병들과 보수파 홍위병들은 혈통론에 대한
지지여부에 따라 갈라졌지만, 그 후의 활동에서 보면, 그 외의
많은 측면에서도 대립적 특징들을 보였다. 우선 상급 조직과
의 관계에서 보면, 조반파 홍위병들은 중앙문혁소조와 결합하
는 경우가 많았고, 보수적 홍위병들은 당조직과 연계되는 경
우가 많았다. 보수파 홍위병 조직들 또는 대중 기반의 보수파
조직들은 당조직을 옹호하는 차원에서 결성된 경우가 많다보
니 혈통론을 강조하는 것 외에는 특별한 자기 강령이나 이론
이 없는 경우가 많았고, 자발성도 다소 떨어지곤 했지만 내적
인 통일성은 컸다. 이에 반해 조반파 홍위병들, 또는 대중 기
반의 조반파의 경우는 내적으로 통일되어 있지 않고, 내부적으
로 서로 다른 사조들을 보여주었고, 중국 사회 성격에 대한 분
석에 관심이 많았으며, 문화혁명에 대한 이해에서도 서로 차이
가 커서 논쟁이 촉발되는 경우가 많았다. 조반파 조직들의 경
우에는 당조직과의 연계는 약한 대신 이를 보완해, 1967년 시
기로 넘어가면서 각 지역에서 홍위병 조반파 조직과 각지의
대중 조반파 조직들이 연계되기 시작하였다. 베이징과 상하이
를 제외한 대부분의 주요 대도시 지역에서는 이렇게 홍위병과
조반파의 통일 조직이 형성되는 경우가 많았다.

1966년 9월부터는 전국 각지의 홍위병들이 경험교류를 위해 전국을 순회하는 대교류(大串連)가 진행되었다. 베이징의 홍위병들은 문화대혁명의 이념을 전파하기 위해 전국각지의 학교와 공장을 순회하였고, 여타 지역의 홍위병들은 문화대혁명의 중심지인 베이징을 방문하기 위해서 속속 모여들었다. 1966년 말까지 1200만 명의 홍위병이 베이징을 방문하였다. 대학 신입생 모집이 중단되고, 재학생들 또한 문화혁명에 참가하여 사실상 학교가 문을 닫은 것이나 다름없는 상태였기 때문에 대교류에 참가하는 학생의 수는 크게 늘어났다. 중앙문혁소조는 대교류에 참가하는 학생들을 위해 공공교통의 무료이용과 각지의 숙소와 식사의 무료제공을 지시하는 지침을 하달하였다. 이후 대교류에는 노동자들도 참여하였으며, 대교류는 주요도시뿐 아니라 혁명유적지들과 농촌지역으로 점차 확대되었다.

두 가지 노선

혈통론에 기반한 홍위병 조직과 이에 맞선 조반파 사이의 대립은 1966년 10월 들어 마오쩌둥의 개입으로 조반파에 유리한 방향으로 일단락 된다. 마오쩌둥은 10월 들어 '부르주아 반동노선을 철저히 비판하자'는 구호를 제기하였다. 그리고 이어서 당 중앙은 10월 5일 이에 응해 「긴급지시」를 하달하였는데, 이 긴급지시의 핵심 내용은 문화혁명에 대한 지도를 당위원회로부터 대중에게 넘긴다는 것이었다. 덧붙여 이 「긴급지시」는, 그 이전에 당위원회나 공작조에 의해 '반혁명'으로 탄압받은 대중들을 복권시켰는데, 이는 초기 홍위병과 공작조의 활동을 공식적으로 문제삼은 것으로, 그 결과 보수파 조직들은 세력이 약화되고 조반파 조직들의 세력이 강화되었다. 이로써 문화대혁명은 한 단계 더 나아가게 되는데, 이제 공격의 대상은 분명하게 당조직을 향하게 되었으며, 조반파는 학생 조직 이외에 노동자, 도시주민, 국가기관 등 상이한 영역으로 확대되기 시작하였다. 대중 조반파 조직들은 '반혁명'으로 탄압받은 대중들을 복권하기 위해서는 그들에 대한 기록이 담긴 '검은 자료'를 폐기해야 한다고 주장하고, 이를 찾아내기 위해 당조직과 빈번하게 충돌하기 시작하였다.

「긴급지시」에 이어 중공 중앙공작회의가 개최되었는데, 여기서 10월 16일 천보다는 「프롤레타리아 문화대혁명 중의 두 가지 노선-중앙공작회의 상의 강화」를 발표하였다. 이 강화는 그 전까지 네 달간의 문화대혁명을 정리하고, 문화대혁명의 방향을 천명한 것이었다. 구체적으로 그 내용을 살펴보면, 첫째로 문화대혁명과 홍위병 운동을 높이 평가하였고, 둘째로 마오쩌둥의 「사령부를 포격하라」를 전문 인용해 류사오치와 덩샤오핑을 공개적으로 비판하였는데, 그 전까지 이 문건은 공개 반포가 허용되지 않고 있었다. 셋째로, 부르주아 계급 반동 노선과 마오 주석의 프롤레타리아 계급 혁명 노선을 구분하였으며, 넷째로 '두 가지 노선 투쟁'이 계속되고 있음을 지적하고, 다섯째로 군중을 두려워하고, 혁명을 두려워하는 세력을 비판하였다. 또 여섯째로는 노선오류를 범한 사람들에 대한 조치는 대상에 따라 상이하게 적용해야 할 것을 주장하고, 일곱째로 혈통론을 반동적 노선으로 비판하고, 여덟 번째로 계급분석에 입각해 다수와 소수를 구분해야 한다는 점을 강조하였다.

이 강화는 단순히 천보다 개인의 입장을 표명한 것이라기보다는 당내에서 문화대혁명에 대한 논란이 특정한 방식으로 일단 정리되었음을 보여주는 것이고, 특히 공작조 파견과 혈통론 부각에 대한 정치적 책임을 류사오치와 덩샤오핑이 지는 방식으로 논쟁이 일단락되었음을 보여주는 것이었다. 그렇지만, 이렇게 해서 분란이 끝난 것이 아니라, 이후 문화대혁명은 오히려 고조되는 방향으로 나아가 문화대혁명의 방향이 당조직 자체를 겨냥하는 방향으로 전환하게 된다.

10월 23일 비판의 대상이 된 류사오치와 덩샤오핑은 중공 중앙공작회의에서 자기비판을 수행하였다. 문화대혁명의 목표가 류사오치와 덩샤오핑의 실권파의 실각에 있었다면, 이로서 목표는 완료되었을 것이나, 사회 내에서 보수파 대 조반파의 대립은 완화되기보다는 오히려 격화되고 있는 상황이었고, 상황은 여기서 종료되지 않고 새로운 단계로 나아가기 시작하는데, 그것은 문화대혁명이 문예계와 학술계에 초점을 맞춘 '상부구조의 혁명'이나 중앙당 핵심 간부들에 대한 정풍 차원을 넘어서 사회 전체로 확산된 것이었다.

문화대혁명의 확대

상하이 노동자들의 등장

1966년 9월경까지, 또는 그해 말까지 당의 공식적 입장은 문화대혁명을 공장으로 확대하지 않으며, 공장에서는 기존의 '4청' 방식을 견지하면서 '혁명을 수행하며 생산을 촉진한다(抓革命促生産)'는 것이었다. 그러나 1967년에 접어들면서 문화대혁명은 예상과 다르게 새로운 국면에 접어드는데, 그것은 노동자라는 새로운 정치적 행위자들이 가담한 것, 그리고 문화대혁명의 방식이 '탈권(권력탈취)'으로 전환한 것이었다.

1966년 11월경부터 공장 내에서 긴장이 고조되기 시작하였다. 기업에서 당위원회의 결정을 따르기를 거부하는 움직임이 커지고, 공장 운영에서 3결합 방식이 등장하여 혁명위원회, 혁명지도소조, 혁명대표회의 등을 도입하는 움직임들이 나타났다. 1960년대 초의 조정기에는 고용 방식에 유연성이 도입되어 다양한 형태의 임시공들이 출현하기 시작하였으며, 문화대혁명 전야에 이들과 고정공 사이에 적지 않은 긴장관계가 형성되고 있었다. 또한 기업 내에서 관리자에게 다시 권한이 집중되면서 공장관리에서 관료제의 문제에 대한 반발 또한 커지고 있는 상황이었다.

문제가 터져 나온 대표 지역은 공업의 중심지인 상하이였다. 더욱이 상하이는 중앙문혁소조의 핵심 인물인 장춘치아오와 야오원위안의 영향을 받고 있었다. 상하이에서는 8월 9일 처음으로 노동자 조반파가 결성되었으며, 11월 6일에는 왕훙원(王洪文)이 있던 궈미엔(國綿)17창 등 17개 단위 조반파가 연합하여 '상하이 노동자 혁명 조반 총사령부(약칭 공총사)'를 결성하였다. 그러나 천비셴(陳丕顯)과 차오띠치우(曹荻秋) 등이 장악한 상하이시는 이들 조반조직을 인정하지 않았다. 이에 반발한 공총사는 11월 10일 상하이에서 기차를 세워 올라타고 베이징으로 가는 상경투쟁을 감행했다. 열차는 상하이 인근인 안팅(安亭)에서 제지되어 더 이상 가지 못하고, 공총사와 이를 제지하는 상하이시 측의 대치가 31시간 동안 계속되는 안팅사건이 발생하였다. 이 소식을 전달받은 중앙문혁소조는 처음에 이들의 상경투쟁을 인정하지 않고 현지의 문제는 현지에서 해결할 것을 지시하였다. 그러나 문제 해결을 위해 현지에 파견된 중앙문혁소조의 장춘치아오는 현지에서 공총사를 승인하였고, 공총사는 상경투쟁을 중단하였지만 이후 상하이시의 노동자 문화대혁명에서 핵심적 역할을 수행하게 된다.

그러나 중앙에서 11월과 12월에 소집된 공업·교통기업 좌담회는 이런 흐름과 반대로 공장 내에서 문혁을 제한하고, 당의 지도를 강화하고, 대중조직을 인정하지 않고, 공장 내로 학생들의 대교류를 수용하지 않는 「15조」를 작성하여 공표하려 하였다. 10월의 중앙공작회의 이후에도 당내의 대립이 종료되지 않았음을 보여주는 것이다. 마오쩌둥은 「15조」에 반대하였고, 12월 4∼6일 개최된 중공 중앙 정치국 확대회의는 「15조」 대신 이를 비판하고 정반대의 내용을 담은 「공업 10조」를 통과시켰는데, 이는 그보다 한 달 전의 중앙공작회의의 결정들과 더불어 문화대혁명의 새로운 전환점이 되었다.

문화대혁명은 이제 상부구조에서 '토대'까지 확장되고, 문예계를 넘어서 '권력을 쥐고 있는 당권파'와 전사회로 확장되게 된다. 이 정치국 확대회의에서 중앙문혁소조 고문인 캉성은 "현재 공장은 부르주아 계급 없는 부르주아 계급식의 공장이다 (중략) 사회주의 공업은 형식은 '공'이나 실제는 '사'이고, 형식은 '신'이나 실제는 '구'이며, 형식상 사회주의이나 실제는 자본주의이다 (중략) 상부구조가 나쁘면 경제기초에 영향을 주고, 경제기초가 나쁘면 상부구조에 영향을 준다"면서 문화혁명을 공장으로 확대할 것을 주장하였다. 이러한 전환점의 상징으로, 중앙문혁소조 내에서 타오주(陶鑄)가 공업 및 교통

기업 좌담회의 「15조」에 대한 책임을 지고 실각하였다.

1967년 1월 당기관지 「홍기」와 「인민일보」는 문화혁명이 공장 및 광산으로 확산되어야 한다는 사설을 공식적으로 게재하였고, 이는 노동자 조반파의 결성과 확대를 촉진하는 계기가 되었다. 이후 형성된 노동자 조직 사이의 대립 구도는 학생 홍위병보다 훨씬 복잡했다. 노동자 조반파에는 특히 젊은 비숙련 임시노동자들의 가담이 많았다. 이들 중에는 계약노동자나 임시노동자, 주간에 일하고 야간에 학습하는 반공반독, 도제나 미숙련 노동자, 소규모 공장 노동자 등이 포함되어 있었다. 그렇지만 반드시 임시노동자가 더 급진적이었던 것만은 아니었다. 일부는 경제적 요구가 충족되어 저항을 중단하기도 하였으며, 경우에 따라 지위가 상대적으로 더 안정된 고정공들이 더 급진적인 태도를 보이기도 했다. 또한 기업 내에서 간부와의 대립관계, 노동자 사이의 사적인 원한관계, 출신성분의 문제 또한 이런 대립구도를 형성하는 데 일정 정도 작용하였다. 그렇지만 노동자들의 경우에도 출신성분과 과거 정풍운동 때 공격받은 경험, 당조직을 비판했다는 역공을 받은 경험 등이 보수파와 조반파를 구분짓는 주요한 요인이었다. 상하이에서 노동자들의 대립은 12월에 공총사에 맞서 적위대赤衛隊가 결성되면서 더욱 격렬해졌다. 적위대는 기존 당조직에 대한 보호를 내세우는 이른바 '보황파' 조직이었는데, 12월 캉핑루(康平路) 충돌에 이어 쿤산(昆山)에서 양 파 사이에 무장충돌이 벌어졌고, 이를 계기로 적위대는 해체되었으며, 상하이에서는 공총사를 중심으로 하는 조반파의 영향력이 확대되었다.

상하이인민공사와 전면탈권

1967년 들어 상황은 전면탈권의 국면에 들어섰다. 공격의 대상은 "당내에서 자본주의의 길을 걷는 한 줌의 당권파"로 확대되었다. 그리고 이러한 변화는 기존의 권력기구들을 대중 조반조직들이 직접 장악하여 권력을 대체하는 탈권의 형태로 나타났다. 그 첫 출발은 상하이에서 형성된 상하이인민공사(상하이코뮌)였다. 이 시기를 일컬어 상하이 '일월혁명' 또는 '일월폭풍'이라 부른다.

1월 중에 상하이에서는 기존의 당과 국가기구 외부의 대중 조직들이 연합하여 대체권력을 형성하는 시도가 계속 이어졌다. 기존의 상하이 시정부와 시당위원회에 대한 대중의 공격은 1월 5일 12개 조반파 연합의 공표문 형태로 표출되었고, 6일에는 시 중앙광장에서 100만 명 집회가 열렸다. 이후 44차례에 걸쳐 연합하는 조직들을 변경하면서 탈권의 시도가 반복되었고, 2월 3일에 38개 단체 연합으로 5회 탈권을 반복한 끝에 2월 5일에는 최종적으로 상하이인민공사의 성립을 선포하기에 이르렀다. 이 상하이인민공사는 파리코뮌을 본떠서 진행된 아래로부터의 대체권력으로 선포되었지만, 이 과정이 완전히 당과 무관하게 진행되지는 않았고, 1월 6일 상하이에 내려온 장춘치아오가 여기에 상당한 영향력을 행사하고 있었다.

상하이인민공사에 대한 마오쩌둥의 태도는 다소 양면적이었다. 마오는 1월 16일 상하이시의 탈권을 인정하였고, 2월 5일 상하이인민공사를 승인하였다. 그러나 상하이에 이어 산시성과 흑룡강성에서도 탈권이 진행되었는데, 이곳의 모델은 상하이와 달리 대중 혁명조직과 당간부 그리고 군이 결합한 3결합 모델이었으며, 대체권력으로서 '혁명위원회'가 등장하였다. 마오는 이런 3결합 모델에 기반한 혁명위원회 모델을 이상적인 것으로 간주하였으며, 상하이에서도 상하이인민공사를 혁명위원회로 대체하라는 지시를 2월 23일 내렸다. 이에 응해 장춘치아오는 2월 24일 상하이 혁명위원회 건립을 선언하였다. 상하이에 이어서 각 성과 정부 부처들에 대한 탈권의 시도가 이어졌고, 탈권 이후에는 혁명위원회가 설립되었다. 이렇게 하여 조반파의 대연합 대신 3결합 방식에 기반한 혁명위원회 방식으로 탈권의 형태가 전환되었다. 그 차이는 군과 당의 역할이 강조되는가 여부였다. 이는 당의 지도와 대중운동 사이의 모순이 있음을 보여주는 것이었고, 이후 2년간 계속될 탈권의 과정에서 조반파 대중운동 내에서 온건한 흐름과 더 급진적인 흐름 사이에 균열이 발생하게 될 전조를 보여주는 것이었다. 군이 이제 새로운 쟁점으로 등장하게 된다.

문공무위文攻武衛와 조반파의 분열

1월에 전면탈권의 분위기가 강화되자 2월 들어 당 중앙은 이러한 분위기를 가라앉히고 질서의 시기에 들어서려는 모습을 보였다. 이러한 변화는 먼저 일군의 고위 당간부들이 중심이 되어 주도하였는데, 이들은 당조직을 문화혁명의 공격대상으로 삼고, 노간부와 군인에 대한 타격이 벌어지는 현상을 비판하면서 1월에 '징시빈관' 모임(19~20일)을 가진 바 있으며, 2월 들어서는 예젠잉(葉劍英), 탄전린(譚震林), 쉬샹첸(徐向前) 등의 주도로 '화이런탕(懷仁堂)' 모임(11일과 16일)을 열어 이런 목소리를 표출하였다. 마오와 조반파는 이런 흐름을 '2월역류' 사건으로 불렀는데, 문화대혁명 이후 중국측의 공식 정리에서는 반대로 이를 '2월항쟁'이라 부른다. 서로 극단적으로 대비되는 명칭이 보여주듯이, 1966년 10월과 11월에 표출된 당내 갈등은 여전히 종식되지 않고 있었다.

이들 모임을 중심으로 한 '2월역류'는 마오쩌둥의 개입에 의해 2월 18일 중단되었다. 그러나 이들의 비판을 수용해 저우언라이 총리는 정상적 질서의 회복을 위해 간부의 권위를 존중할 것, 고급 간부에 대한 공격을 금지할 것, 탈권의 범위를 기층 단위 내로 한정할 것 등을 강조하였다.

그런데 이처럼 화이런탕의 모임을 중심으로 고급 당간부 사이에서 불거진 조반파의 탈권에 대한 비판의 목소리가 공식적으로 제어된 것과는 별도로, 2월 중에 조반파의 급진적 움직임에 대한 우려는 당 중앙 전반에 퍼져 있었고, 이에 제동을 걸려는 시도가 곳곳에서 나타나고 있었다. 이를 '2월 반혁명 진압(二月鎭反)'이라고 부르는데, 이 '2월 반혁명 진압'과 '2월역류'가 동일한 것인지, 서로 다른 것인지에 대한 논란이 있다. 양자가 일치하지 않는다고 보는 입장에서는 화이런탕 모임을 중심으로 한 '2월역류'는 마오의 비판으로 수그러들었지만, 당 중앙의 사고의 전환을 보여주는 '2월 반혁명 진압'에는 마오쩌둥과 중앙문혁소조도 일부 관여되어 있었다고 주장한다. 당조직을 넘어서기 시작한 대중운동에 대해 우려가 표명되면서, '2월역류'의 흐름과 직접 관련이 없는 세력들이 사실상 같은 흐름에서 '2월 반혁명 진압'을 주도했다는 것이다.

사실 이런 조짐은 1월부터 나타났다. 1월 13일에 발표된 「공안6조」는 반혁명 분자를 광범하게 규정하고 이에 대한 진압의 필요성을 강조하고 있었다. 이 「공안6조」는 마오의 인가를 받았으며, 마오는 또한 1월 30일 탄전린의 보고를 결재하면서, 반혁명 분자가 각 영역에 잠입했음을 경고하고, 이들을 색출할 것을 지시하는 문구를 적어 넣은 바 있다. 그 이후 혈통론적 사고가 다시 등장하여, 반혁명 세력들을 규정하고 탄압하는 분위기가 형성되었으며, 당 중앙 내에는 여러 가지 방식으로 반혁명 진압에 대한 분위기가 강화되고 있었다. '2월 반혁명 진압'에 이어 조반파들이 '3월흑풍'이라 부르는 흐름은 이렇게 이어지고 있었다. 3월 초에는 대교류도 금지하고 모든 조반파들은 본 단위로 복귀하라는 명령이 하달되었다.

1월 탈권의 시기에 혁명위원회 모델이 강조되면서 군의 역할은 점점 더 부각되고 있었다. 1967년 들어서 파벌간의 충돌이 격렬해지고 무장투쟁의 양상을 보이자 1월 23일에 중공 중

앙, 국무원, 중앙군사위원회, 중앙문혁소조 공동으로 「인민해
방군이 단호하게 혁명 좌파 대중을 지지하는 것에 관한 결정」
을 발표하여, 좌파지지의 명분으로 군의 개입은 시작되었으며,
명시적으로 중앙군사위원회는 1967년 3월 19일 '삼지양군三
支兩軍'의 방침을 정하여 문화대혁명 과정에 개입하기 시작하
였다. '삼지양군'이란 인민해방군이 좌파지지, 공업지지, 농업
지지 등 세 가지 지지와 군사관제와 군사훈련(兩軍)을 위해 개
입함을 뜻한다. 이는 실제로 좌파지지의 명분으로 위에서 아
래까지 다양한 혁명위원회의 수립에 개입함과 동시에, 파벌간
의 대립이 잘 해결되지 않는 곳에서는 군이 직접 관리통제에
들어가며(군사관제), 학생 홍위병간의 파벌대립을 통제하기 위
해 학생들에게 군사훈련을 실시하는 방침 또한 시행됨을 말하
였다. 여러 지역에서 군의 출현은 인민해방군-당간부-보수적
대중조직의 동맹이 형성되는 형태로 나타났다.

　마오쩌둥의 후계자로 떠오른 린뱌오는 당시 군을 장악하고
있었는데, 린뱌오의 태도 또한 모호한 부분이 있었다. 린뱌오
는 학교와 공장에서의 문화혁명은 지지하고 있으면서도 군 내
의 문화혁명에 대해서는 이를 주로 마오쩌둥 사상 학습운동과
마오쩌둥에 대한 숭배운동의 형태로 이끌어가기 시작하였다.
마오쩌둥 숭배운동은 마오 주석 어록의 편찬과 암기대회, 각
종 혁명 결의대회, 봉사대회 등의 형태로 진행되었다.

　군의 개입과 당내의 모호한 태도는 2월 중의 대대적인 조반
파 탄압으로 이어졌다. 중공 중앙은 마오의 비준을 거쳐 1월

28일 군대를 공격하는 우파에 대해서는 발포해도 좋다는 명령을 하달한 상태였다. 그런데 많은 지역에서 당간부와 군간부는 서로 연결되어 있어, 지역 당간부가 그 지역 군 정치위원을 맡는 경우 많았다. 따라서 정부 당조직에 대한 탈권 이후 왜 탈권 대상자가 겸하고 있는 군에 대해서는 조반할 수 없는가라는 비판이 제기되었고, 군에 대한 공격이 점점 일반화하기 시작하였다. 각 지역 군구는 누가 좌파인지 판단에 어려움을 겪고 있었는데, 조반파의 경우 대학생이 많고, 당원은 적고, 고참 노동자도 적다는 점에서 성분이 불순한 조직이라고 판단하는 경우가 많았다. 또 조반파 세력이 서로 대립하는 경우에는 군이 그 중 한 조반파를 지지하며 개입하더라도 상황을 해결하기보다 갈등을 더 증폭시키는 경우도 많았다.

군의 조반파 탄압의 정점은 칭하이성(靑海省)에서 일어난 '2.23 학살 사건'이었다. 칭하이성에서는 '8.18 홍위전투대'가 「칭하이일보」에 대해 탈권을 하였는데, 이에 대해 칭하이군구는 이들 조직을 좌파로 인정하여 지지하는 태도를 보였다. 그러나 칭하이군구 부사령관이던 자오융푸(趙永夫)는 이에 반발하여, 1월 23일 사령관 류시엔취엔(劉賢權)을 연금하고, '칭하이성 군구 기관 혁명 조반파 대중 사령부'라는 이름의 조직을 결성하여 사실상 군권을 장악하였다. 이에 대해 '8.18' 조직은 반발하였고, 자오융푸는 '8.18'이 접수한 「칭하이일보」를 진압하기 위한 시도를 여러 차례 벌였다. 마침내 자오융푸는 2월 23일 최후통첩을 한 후, 다수의 군병력을 동원하여 「칭하이일보」를 사면에서 포위한 후 기관총 사격을 개시하면서 전면 진압에 돌입하였다. 이 사건으로 조반파 170여명이 현장에서 살해당하는 '2.23 사건'이 발발하였다. 이 사건에 대해 중공 중앙의 최종 개입과 처리는 그로부터 1개월 이후에야 이루어졌다.

청하이성을 대표로 하는 '2월 반혁명 진압'은 쓰촨, 후난, 안후이, 후베이, 푸젠 등 도처에서 벌어졌다. 중공 중앙과 마오쩌둥의 입장은 청하이성 사건 발생을 계기로 다시 달라진 것으로 보인다. 2월과 3월 중의 중공 중앙의 태도는 반혁명 세력에 대한 진압 허용에 강조점이 있었고, 이를 통해 질서있는 운동을 주도하겠다는 입장을 보였다면, 3월 말 들어서는 반혁명 진압에 대해 매우 신중하게 바뀌었다. 우선 중공 중앙은 청하이 사건을 조사하여, 3월 24일 청하이의 '8.18' 조직을 공개적으로 복권하고 자오융푸의 책임을 물었다. 4월 1일에는 2~3월의 반혁명 처리에 대한 태도와 달리, "마음대로 대중조직을 반혁명조직으로 선포해서는 안된다. 대중조직을 반혁명조직으로 선포하려면 반드시 중앙의 비준을 받아야 한다"고 하였으며, 이전에 군대와 충돌하거나 탈권 과정에서 반혁명으로 규정된 세력을 모두 복권시키고 석방하도록 지시하였다. 이는 군의 과도한 진압을 문제시 한 것이고, 조반파의 활동에 대한 마오와 중앙의 동요를 보여주는 과정이라 할 수 있다. 복권과 석방이 확대되어 가는 과정에서 각 지역 조반파와 중재자 저우언라이 사이의 긴장과 타협은 계속되었다.

1966년 10월 「긴급지시」에 따른 조반파 복권과 마찬가지로, 이 1967년 4월의 조반파의 복권 또한 조반파 세력의 성장에 적지 않은 영향을 주었다. 1966년의 복권 이후 조반파가 '검은 자료'의 폐기를 둘러싸고 당조직과 충돌을 강화하였다면, 이 시기 복권의 결과 조반파는 군과 공안기관에 대한 공격의 힘을 이전보다 더욱 늘리게 되었다.

이러한 큰 기복이 있던 1967년 시기에 마오쩌둥은 상황에 따라 매우 상반되고 때로는 모순되는 태도를 취하기 시작하였다. 마오는 점차 급진적 조반운동에 거리를 두고, 당간부의 역할을 다시 강조하며, 홍위병 운동에 제동을 걸기 시작하였다. 처음에 군의 반혁명 진압에 반대하지 않던 마오는, 초봄에는 군의 조반파 진압을 인정하지 않는 방향으로 돌아섰지만, 동시에 늦은 봄부터 벌어진 군대에 대한 조반파의 격렬한 공격에도 찬성하지 않는 태도를 보였다. 그러나 1967년 여름에 들어서면 이미 정세는 통제할 수 없는 상황이 되었고, 군 또한 마오가 충분히 통제할 수 없는 상황에 있었다. 이처럼 통제를 벗어난 군과 조반파는 이후 무장투쟁 형태로 빈번하게 충돌하였고, 그 정도도 심해졌다. 마오의 입장은 가을 들어서 급진적 운동을 제어하려는 방향으로 확실히 돌아서는데, 처음에는 탈권의 영역에 제한을 두지 않던 마오는 1967년 여름 이후, 90% 간부는 훌륭하다고 주장하면서 3결합 방식의 혁명위원회를 강력히 추진하는 '대연합'의 구호를 제창하였다.

그러나 조반파, 그 중 특히 급진파는 군측과 기존 보수파 간부들이 다시 등장하는 삼결합에 참여할 수 없다고 하면서,

마오의 노선과 점점 더 충돌해 갔다. 조반파는 그 출현 배경상 당의 통제 밖에 있던 조직이었기 때문에 당이 주도하는 혁명 위원회라는 노선을 그대로 수용할 수 없었다. 그 이전 시기에 격렬한 투쟁을 거쳤는데, 대립하는 상이한 조직들을 모두 다 혁명 조직으로 간주해 손을 잡으라는 지시를 수용할 수 없다 는 것이었다. 이처럼 조반파들이 지시를 거부하자, 마오는 점 점 더 이들과 거리를 두었으며, 조반파가 혁명위원회 내에서 혁명세력으로 대표되는 것에 대해 군과 당의 반대도 컸다. 이 과정에서 조반파에 대한 군의 진압 문제가 불거져 나올 때마 다 마오의 태도는 모호했다.

상황이 이렇게 변해가자 탈권을 주도하던 조반파의 구호는 '자본주의를 걷는 세력'에 대한 반대에서 점차 '당위원회를 차 버리고 혁명을 하자'로 바뀌어나갔다. 마오는 1967년 여름 이 후 이를 매우 비판하였으며, '모든 것을 의심하고, 모든 것을 타도하자'는 조반파의 구호를 매우 위험하다고 보고 심하게 비판하는 입장으로 점차 바뀌어갔다.

그렇지만 질서는 쉽게 회복되지 않았고, 조반파들의 세력은 점점 더 거세졌다. 1967년 4월에서 5월로 넘어가면서 조반파 의 운동은 모든 권위에 반대하는 운동으로 전개되었으며, 점 차 무장투쟁의 형태를 띠기 시작하였다. 장칭이 강조한 "글로 공격하되 무기로 스스로 보호하라(文攻武衛)"가 조반파의 중요 한 행동 방식이 되었고, 무장투쟁이 빈발하였다. 7·8·9월에 가면 '전인민 조반'의 상황이 벌어질 정도로, 통제가 거의 불가능한 상황에 이르렀다.

이런 상황에서 1967년 5월부터는 '혁명대비판'이 전개되는데, 이는 국가주석 류사오치의 타도에 초점을 맞춘 것으로, 이는 한편에서는 급진적 조반파의 요구가 터져나오는 것을 무마하는 동시에, 다른 한편에서는 류사오치를 제외한 나머지 당조직을 보호하기 위해서 류사오치를 희생양으로 활용하려는 것으로, 서로 다른 전망을 지닌 세력들 사이의 모종의 타협점을 찾으려는 시도였다. 이 과정에서 국가주석 류사오치는 1967년 7월이 되면 완전히 세력을 잃는다.

기존 당조직 및 군을 옹호하는 세력과 이에 반대하는 조반파 세력 사이의 대립은 7월 20일 후베이성 우한에서 발생한 '7.20 사건'에서 정점에 이르러 거의 내전상황으로 치달았다. 우한의 7.20 사건은 보수파와 조반파의 대립에 군의 분열까지 덧붙여진 문화대혁명기의 전형적인 사건의 하나였다. 우한의 숙련 노동자로 구성된 '백만웅사百萬雄師'는 무한군구 사령관 천짜이다오(陳再道)를 지지하면서 조반파와 대립하여 충돌하고 있었다. 열세에 놓인 조반파를 지지하기 위해 중앙문혁소조에서 왕리와 셰푸즈(謝富治)가 파견되었는데, 백만웅사는 7월 20일 이들을 감금하였다. 당시에 사태파악을 위해 우한에 들어와 있던 마오쩌둥 또한 사실상 이들에게 포위되었다. 린뱌오는 이 문제를 해결하기 위해 함대를 장강을 통해 이동시켜 우한을 포위하였으며, 현지 군부와의 사이에 내전이 촉발되기 직전의 상황에 이르렀다. 이 사태는 저우언라이 총리의 중재로 해결되었지만, 그 전후 쌍방 간의 충돌로 수많은 사상자가 발생하였다. 우한의 '7.20 사건'은 군 내의 복잡한 세력관계를 보여준 사건이었는데, 이 사건 이후 당시 사건에 대한 우한 군구의 책임은 형식적인 차원에서만 물어졌고, 문화대혁명은 군 내부로 확대되지 않았으며, 각 지역에서 군의 역할은 오히려 줄곧 강화되어 갔다. 이 이후 군 내에서 문화혁명의 방식으로 정풍을 추진하려는 시도는 거의 사라지게 된다.

이처럼 1967년 폭풍의 시기에 보수파와 조반파 사이의 대립에 군이 끼어들어 대립이 더욱 증폭되는 경우가 많았지만, 여기서 주의할 점은 대립의 주요한 축이 반드시 보수파와 조반파 사이는 아니었다는 점이다. 많은 경우에 이미 보수파는 쇠퇴한 상황이었기 때문에, 분열은 조반파 내부에서 발생하여, 급진 조반파와 온건 조반파 사이의 대립이 점차 격화되었으며, 무장투쟁 또한 이 양 파 사이에서 벌어지는 경우가 많았다. 베이징이나 상하이처럼 정치적으로 민감한 지역, 그리고 정치적으로 중요성을 지니는 변경지역들을 제외한 나머지 대부분의 지역에서는 이처럼 조반파 내의 두 파의 분열과 충돌이 매우 일반적인 특징이었다. 따라서 통상적으로 생각하는 2파 대립의 구도가 아닌 3파 대립의 구도가 형성되는 경우가 많았고, 여기서 군이 그중 어느 파벌을 지지하는가가 중요한 갈등의 요인이 되었다.

이런 대립의 전형적 구도를 보인 쓰촨(四川)의 청두(成都)에서는 처음에 보수파를 지지하던 군이 조반파 연합인 홍청(紅

成)의 지지로 넘어갔는데, 이 홍청에서 다시 급진 조반파인 '8.26'이 분리되어 나와 홍청과 대립하는 구도가 형성되었다. 홍청이 현지 군부의 지지를 받은 것에 비해, '8.26'은 중앙문혁소조의 지지를 받았으며, 양 파 사이에서는 격렬한 무장투쟁이 전개되기도 했다. 같은 쓰촨성의 충칭(重慶)에서도 조반파는 온건파인 '8.15'와 급진파인 '근본'파로 분리되었고, 랴오닝성(遼寧省)의 선양(瀋陽)에서는 온건파인 '선양 혁명 조반파 대연합위원회'와 급진파인 '8.31'파의 충돌이 벌어졌으며, 후난성 창사에서는 학생 조반파인 까오쓰(高司)와 노동자 중심 조반파인 샹장펑레이(湘江風雷) 사이의 충돌이 벌어졌고, 이후 다시 노동자 조반파 사이의 분열이 발생하는 등 온건파와 급진파 사이의 균열은 매우 일반적인 현상이었다. 베이징의 대학생 홍위병 사이에서도 앞서 말했듯이 조반파 연합조직인 제3사령부는 다시 천파와 지파로 분열되었고, 중학생 조반파도 다시 급진파인 4.3파와 온건파인 4.4파로 분열되었다.

급진 조반파와 온건 조반파는 여러 가지 측면에서 대조적인 특성을 보였다. 우선 조직의 구성상에서 보면 온건 조반파에 출신성분이 좋은 사람들이 더 많이 포진한 반면, 급진 조반파는 그렇지 않았고, 계급노선에서도 훨씬 강경한 입장을 고수했다. 공격의 대상인 당권파에 대한 문제에서 온건파는 대상을 한정한 「16조」의 논의에 동의한 반면, 급진파는 이것이 불충분하고 폭을 확대해야 한다고 보았고, 온건파는 잘못을 인정한 대중은 감싸 안을 수 있다고 본 반면, 급진파는 보황파를 철저히 파괴해야 한다는 입장이었다. 군대에 대해서는 입장의 차이가 특히 컸는데, 온건파가 군대와 협조적 자세를 보인 반면 급진파는 군대와 충돌하는 경우가 많았고, 또 문화혁명을 군대 내로 확산해야 한다는 입장이어서 군대의 억압을 당하는 경우가 많았다. 간부들에 대한 태도에서도 온건파는 문혁 전 17년의 입장을 보고 그에 따라 평가해야 한다는 입장이었던데 비해, 급진파는 문혁이전 17년간은 당내 특권 세력이 인민에 독재를 시행한 것이었기 때문에 큰 차이가 없고 오히려 문혁초기 50일간 이들이 어떤 변화된 행적을 보였는가에 초점을 맞추어야 한다고 생각했다. 그리고 무엇보다 온건파와 급진파를 구분한 쟁점, 그리고 급진파가 억압된 쟁점은 저우언라이 총리에 대한 태도였다. 급진파는 저우라이언 총리를 붉은 자본가의 막후세력이라고 보고 타도의 대상으로 삼은 반면, 온건파는 저우언라이 총리까지 공격하지는 않았다. 전체적으로 보자면 온건파는 문화혁명을 상부구조 내의 혁명으로 본 반면, 급진파는 그보다 훨씬 더 나아간 상부구조와 토대 모두의 혁명을 주장하였다고 할 수 있다. 그렇게 보게 된 이유는 중국 사회에 대한 성격 규정이 달랐기 때문이기도 한데, 급진파는 중국 사회를 사회주의라기보다 관료특권계급이 장악한 사회로 보는 경향이 있었다. 급진 조반파의 입장은 나중에 두 개의 문혁론(또는 인민문혁론)으로 이어지기도 한다.

문화대혁명의 또 다른 장소: 공장

1967년 이후 문화대혁명이 노동자에게 확산되면서 공장은 문화대혁명의 또 하나의 중요한 공간이 되었다. 노동자들은 조반파 정치조직을 결성하여 공장 외부에서 정치적 목소리를 내기도 했지만, 공장 관리방식을 둘러싼 공장 내의 영역 또한 조반파가 광범하게 등장하게 된 중요한 배경이었다.

공장으로 확산된 문화대혁명은 1966년 12월 중앙공작회의에서도 제기된 바 있듯이, 공장관리 방식이 자본주의적인지 사회주의적인지 하는 쟁점을 던졌다. 특히 공장운영과 노동과정에서 관료적 방식에 대한 비판이 제기되었고, 노동자들이 주도권을 갖는 중국식의 자주관리를 향한 실험들도 등장하기 시작하였다. 공장의 새로운 관리방식의 실험은 1967년부터 시작되었는데, 도시 홍위병 운동이 1968년 들어서 종료되었던 것과는 대조적으로 공장 내에서의 다양한 변화의 시도는 1970년대 초반에도 부분적으로 지속되었다.

공장 문화혁명의 쟁점은 관리방식, 그리고 교육혁명이라는 두 가지 과제로 집중되었으며, 특히 중요한 지역은 상하이와 베이징이었다. 당시 이 지역에는 문화대혁명을 동경한 외국인 학자와 활동가들에게 공식적 참관이 허용된 모델 공장들이 있었는데, 당연히 이런 공장들은 매우 이상화된 방식으로 그려졌지만, 그렇다고 여기에서 찾아낼 수 있는 쟁점 자체를 무시해 버릴 수 있는 것은 아니다. 관리방식의 변화에서 쟁점은 일반 노동자들이 공장관리에 어떻게 참여할 수 있는가 하는 문제였다. 이를 위해 다양한 형태의 3결합 방식이 실험되었다. 상하이 공장의 경우에는 노동자 조반파가 공장을 접수하여, 혁명적 간부·노동자·군대표로 이루어진 혁명위원회가 구성되었다. 군대표는 홍위병과의 대립에서도 나타났듯이, 공장제도 변화에서도 중요한 관건이었다. 어떤 곳은 군대표가 사실상 전권을 갖는 곳도 있었으며, 다른 곳에서는 노동자들 사이의 대립적 분열의 중재자 정도의 역할로 남는 곳도 있었다.

그러나 공장 내의 혁명위원회는 정부의 탈권 이후 건립된 혁명위원회보다는 갈등적 상황에 덜 휩싸였는데, 이처럼 혁명위원회가 성립되어 공장 관리제도가 변화된 경우 경영체제가 간소화되고, 간부가 대폭 줄어들고, 노동자 반조장이 생산을 감독하는 방식으로 넘어가는 경우가 많았다. 노동자가 관리에 참여함으로써 생긴 중요한 변화 중 하나는 기술 개조와 생산시설 배치에 대한 주도권이 노동자에게 부여되는 경우가 늘어났다는 점이다. 즉 이는 기술과 노동과정이 중립적인 것이 아니라, 그 자체로 매우 정치적이며 계급적인 함의를 갖는 것으로 간주됨을 뜻하였다. 기술의 개발과 그 실행이 서로 상이한 층위로 분할되지 않고, 현장기술의 개조의 주도권이 노동자들에게 부여됨에 따라 생산현장의 요구에 필요한 방식으로 기술 개조가 이루어지는 실험들이 크게 늘어났다. 이로써 공장은 새로운 실험의 장소이자 기술개량의 장소가 될 수 있으며, 여기서 지식 또한 노동자 자신을 변화시키는 계기로서 작용할 수 있는 가능성을 보였다.

공장관리와 밀접한 관계에 있던 것은 교육혁명이라는 쟁점이었다. 문화대혁명은 생산현장과 괴리된 엘리트 교육체제를 생산현장과 직접 연결된 교육체제로 전화하려는 시도 또한 보여주었다. 이에 대한 실험은 상하이의 7.21 대학 경험으로 대표된다. 7.21 대학은 공장 내에 대학을 설립하고, 노동자 중에서 학생을 선발해 단기 교육 후에 생산에 재배치함으로써 대학과 공장을 하나로 통합하려 한 시도였다. 이는 마오쩌둥의 1968년 「7.21 지시」에서 이름을 따 온 것인데, 마오쩌둥의 「7.21 지시」는 학제를 단축해 이공계의 대학을 운영하되, 정치우위를 실천하고, 상하이 선반기계공장의 경험을 본받아 실천경험이 있는 노동자농민 중 학생을 선발하고, 학교에서 배운 후에는 생산에 돌아가 실천하도록 하라는 것이었다. 7.21 대학은 이 「지시」의 배경이 된 상하이 선반기계공장에서 공장 내에 현장 지식에 기반한 대학을 설립한 경험을 말하는데, 이후 이런 형태의 대학이 광범하게 퍼져갔다. 7.21 대학에는 2년 과정과 1년반 과정이 있었고, 단기과정도 개설되었다.

7.21 대학이 공장 내에 대학을 설립하는 것이라면, 이와 달리 공농병 대학생 제도는 노동자, 농민, 군인 중에 학생을 선발하여 대학에 보내는 것이었다. 1969년 7월 3년간 신입생 모집 중단 이후 이과에 한해 제한적으로 대학생 모집이 재개된 다음 첫 입학생은 41,870명이었는데, 대부분 공농병 대학생들이었다. 이처럼 노동자 중에서 선발해 대학에 보낸 것 외에도 베

이징의 대형 기업들의 경우 노동자 정치교양강좌의 형태로 베이징대학 교수들이 공장에 와서 강의를 하기도 했다.

그러나 이런 교육혁명의 방식은 이후 급진 조반파들이 비판한 것처럼, 관료체제 자체는 변화하지 않은 채 일부 노동자만 지위상승을 허용해 포섭하는 틀로 작동하기도 하였으며, 그것이 오히려 '단위체제'라 부르는 온정주의적 관리방식의 틀을 강화하는 계기로 작동하기도 하였다.

문화대혁명은 공장관리와 교육혁명의 영역에서 새로운 모델을 정착시키거나 과거의 문제들을 해결했다기보다는 새로운 질문들을 제기하는 데 멈추었다고 할 수 있다. 여기서 제기된 질문을 그 이후의 이론적 맥락을 고려해 해석해보자면, 다음과 같은 세 종류로 나뉜다. 첫째로 문화대혁명은 상부구조를 넘어 결국 '토대'의 문제, 즉 생산과정 내부의 문제로 전개되었는데, 이 생산과정이 자본주의적 생산과정과 질적으로 다른가라는 질문이 제기되었고, 만약 같다면 어떤 변화가 요구되는가라는 질문이 이어 제기되었다. 둘째로, 토대란 무엇인가의 문제로까지 나아가는데, 이를 좁은 의미의 노동과정 내부에만 한정하지 않고, 그것이 다시 정치적인 과정의 문제로, 주체형성의 이데올로기적 메커니즘의 문제와 노동력 재생산의 문제로까지 확장된다는 점은 이후에 쟁점으로 등장하는 계기가 되었다. 셋째로, 교육을 매개로 하는 지식의 위계가 사회적으로 지식노동과 육체노동의 위계를 재생산한다는 쟁점이 제기되기 시작했다.

문화대혁명의 봉합

군대의 등장과 홍위병의 해산

앞서도 이야기했듯이 1967년 1월부터의 군 개입은 문화혁명의 방향에 큰 전환점이 되었다. 군은 대부분 문화대혁명 과정의 외부에 놓여 있었고, 각 지역의 실정을 자세히 모르고 있었으며, 아무래도 질서의 명분으로 개입하였기 때문에, 자신들이 보기에 질서에 위협이 되는 세력에 대해 더욱 적대적인 태도를 보이기 마련이었고, 또한 당조직과 대립하는 세력에 대한 태도도 적대적인 경우가 많았다.

모든 문제는 '좌파지지'라는 입장과 관련되어 있었는데, 과연 누가 좌파인가를 정하기는 무척 어려웠다. 군이 개입하여 대립하는 두 파벌 중 한 쪽을 좌파로 지지하게 되면, 대립하던 다른 파벌은 당연히 우파나 반동파가 되며, 이는 곧바로 군의 진압을 받게 됨을 의미하기 때문에 세력 관계가 매우 불리해지지 않을 수 없었다.

1967년 1월 28일 발표된 「군위8조」는 군대의 안정화를 도모하기 위해 군대가 외부의 문화대혁명은 지지하지만, 그 세력이 군대 내로 들어오는 것은 막는다는 내용을 담았다. 따라서 1967년 격동의 시기에 군은 문화대혁명의 주도자가 아니라 외부에서 질서의 수호자로 늘 개입하는 역할을 맡았다. 4월 6일에는 이를 보완하는 「군위10조」가 발표되고, '2월 반혁명 진압'의 문제점을 지적하고, 급진파를 지지할 것을 지시했지만, 누가 지지 대상이 되어야 하는가의 문제는 계속 난점으로 남았다.

또 하나의 문제는 군이 통일적이지 않았다는 점이다. 그 때문에 지역마다 군이 좌파로 지지한 세력은 매우 달랐다. 광뚱, 후베이 등 많은 지역에서 군이 보수파를 지지하긴 했지만, 쓰촨의 50군, 후난(湖南)의 55군, 저장(浙江)의 25군, 상하이의 공4군 등 조반파를 지지한 군세력도 있었다. 같은 지역의 군대 사이에서도 육·해·공군 사이에 서로 지지하는 파벌이 다른 경우도 있었다. 또한 군이 조반파를 지지하더라도, 문제가 끝난 것이 아니라 조반파 사이에서 군대에 대한 태도를 놓고 다시 분열이 발생하고 급진 조반파가 떨어져 나가, 군대와 급진 조반파의 충돌이 다시 재개되는 경우도 적지 않았다.

1967년 7·8·9월의 혼란기를 거친 후, 9월 5일 군은 질서의 회복을 지시받았고, 대중들은 무기를 반납하고 인민해방군의 임무에 간섭하는 것을 금지 당했다. 파리코뮌적 원칙과 당주 도하의 질서회복의 요구가 절충되어 출현한 혁명위원회는 점차 군의 영향력하에 들어갔고, 각급 혁명위원회에는 군대표가 파견되었으며, 공장단위에도 군대표가 파견되거나 군선대軍宣隊가 파견되었다. 문제가 많다고 보이는 지역에서는 군이 직접 통제를 시행하는 군사관제가 시행되었는데, 군사관제는 1972년 8월 이후에야 점차 해제되었다.

군의 개입이 늘어나면서 군과의 충돌에서 사상자도 늘어나게 되었다. 문화혁명의 피해자에 대해서는 정부 차원의 체계적인 집계가 발표된 적이 없는데, 특히 군에 의한 박해자가 많은 점이 피해자를 정리하는 데 어려움으로 작용한다. 문화대혁명의 초기의 박해자들이 '4구타파'나 '온갖 잡귀신' 색출 등의 과정에서 박해받은 지식인들이나 출신성분이 나쁜 사람들이었다면, 중기와 후기 들어서는 군과의 대립과 군의 진압 과정에서 발생한 사상자들 그리고 조반파들 사이의 충돌에서 발생한 사상자들의 수가 많았다. 이미 1967년 '2월 반혁명 진압'에서 칭하이를 필두로 군에 의한 사상자가 다수 발생한 바 있었는데, 군과 조반파의 충돌은 그 해 여름 더욱 심각한 상황으로 치달았다.

1967년 7~9월 시기에 통제되지 않는 대립이 점점 더 고양되자 마오쩌둥은 질서의 입장으로 훨씬 더 전환하여, 혁명파들 사이의 대연합을 촉구하고 나섰다. 이 대연합의 방침은 서로 대립되는 파벌을 혁명위원회 내에 끌어들이고, 이를 군대표가 중재하는 방식을 취했다. 이처럼 대연합이 촉구되자 조반파의 온건파와 급진파 사이의 대연합뿐 아니라, 그 때까지 붕괴하지 않은 보수파의 경우도 3결합의 혁명위원회에 들어갈 수 있는 길이 열렸다.

조반파들의 저항은 계속되었고, 1967년 말에는 각 지역 조반파들의 대표가 베이징에 모여서 전국 연락조직을 결성하려는 시도를 하기도 하였다. 1968년 들어서도 질서를 정착시키려는 당조직과 군에 대항하는 조반파 조직들은 자신의 조직들 사이의 분열까지 겹쳐서 심각한 무장충돌 상황에 빠져 있었고, 1968년 초에는 관료계급과 '붉은 자본가 계급'의 배후인 저우언라이 총리의 타도를 외치는 '후난성 프롤레타리아 계급 혁명파 대연합위원회(약칭 省無聯)' 같은 급진적 조직들도 등장하였다.

군과 급진파 조직이 충돌한 가장 비극적 사건은 1968년 여름 광시성(廣西省)에서 벌어졌다. 이곳의 수도인 난닝(南寧)에서는 당서기인 웨이궈칭(韋國淸)이 주도하는 혁명위원회 수립에 대해 '광시 4.22 혁명행동 지휘부'가 격렬하게 저항하고 있었다. 탄압은 이미 그 전해 10월부터 웨이궈칭을 지지하는 리엔즈(聯指) 주도로 인근 농촌지역으로 확대되어 대량의 사상자가 발생하고 있었다. 7월 16일 웨이궈칭은 4.22 지휘부에 대한 전면 공격을 개시하였고, 7월 31일에는 광둥·광시·난닝 지역 군의 연합작전이 개시되었다. 8월 8일 전투는 종료되었는데, 이 과정에서 조반파 사망자만 1,300명 이상 발생했고, 수십 채의 건물이 파괴되었다고 전해진다. 기록에 따르면 4.22파 생존자 및 지지자 1만여 명이 체포되어 그 중 2,324명에 대해 사형이 집행되었고, 전투과정에서 이재민이 5만여 명 발생한 것으로 알려져 있다. 1967년 후반에서 1968년 전시기에 걸쳐 광시성에서 발생한 사망자는 4만 명이 넘는다는 이야기도 전해진다. 광시성 혁명위원회는 이렇게 조반파에 대한 피의 진압 위에서 건립되어 8월 20일 중앙의 승인을 받았다.

마오쩌둥은 1968년 7월 28일 급진 홍위병 대표들인 수도 홍위병 '5대영수'를 모아서 홍위병 운동을 중단할 것과 홍위병을 해체하고 상산하향 운동에 참여할 것을 요구하였다. 이는 조반파 홍위병의 시기가 종료되는 전환점이었다. 그 전날인 1968년 7월 27일에는 노동자 마오쩌둥 사상 선전대(工宣隊)가 칭화대와 베이징대에 진주하였는데, 이 과정에서 칭화대 조반파 홍위병들의 습격을 받아 사상자가 발생하였다. 이후 공선대는 혁명위원회에 참가하는 군대표나 군선대와 비슷한 질서회복의 역할을 맡게 되었다. 그 이후 홍위병 세력은 급속히 약화되었고, 무기반납과 조직 해체에 저항하는 홍위병들은 유혈진압되는 경우가 많았다. 노동자 조반파는 즉각 해체되지는 않았지만 그 세력은 이전 같지 못했다.

이제 전국에 걸쳐 3결합 혁명위원회 건설 작업이 집중 추진되었으며, 이는 대연합의 원칙에 따랐다. 성급의 혁명위원회 건립은 1968년 9월에 완결되었다.

이후 운동의 방향 또한 류사오치로 집중되고, 국가기구나 고위 지도층에 대한 공격은 금지되었다. 류사오치는 10월 13~31일 개최된 중공 중앙 8기 12중전회 때 당적에서 영구 제명되었다. 류사오치와 덩샤오핑 등의 실권파를 숙청한 당은 다시 올바른 노선으로 돌아온 것으로 간주되었고, 이처럼 당 내 숙정으로 문화혁명의 종결이 가능하다는 입장이 지배적이 되었다.

마오를 포함한 당조직은 1968년 들어서서 혁명위원회가 기본적으로 건립된 이후 조반파의 해체 수순에 돌입하였다. 그 명분은 대연합이 이루어진 형세에 파벌성을 유지하는 것은 종파주의이며, 이제 이런 '산 정상을 깎아 낼' 단계라는 것이었다.

여러 지역에서 조반파 총부가 해체되었다. 남은 조반파들은 대연합에 참여하여 혁명위원회에 들어가거나 자체 조직 활동을 중단하였다. 1969년 중반에 접어들면 더 이상 남아서 활동하는 주요한 조반파 조직은 없었고, 혁명 대연합에 참가하지 않는 분파행동에 대해서는 엄중 처벌할 것이 강조되었다.

계급대오 정리와 '5.16 병단' 사건

문화대혁명의 마지막 단계에 오면 이제 공식 캠페인인 '계급 성분을 정화하자'는 운동이 출현하는데, 이는 운동이 대중 주도에서 당주도로 넘어가는 계기를 보여준다. 이 시기에 오면 출신성분이 다시 공격의 빌미가 되고, 이를 위해 조사대를 파견하고, 주로 지식인과 문화혁명 기간 중 형성된 급진 조직들을 공격 대상으로 삼는 정풍운동이 전개되었다. 1969년이 되면 대중운동은 대체로 쇠잔하게 되고 그중 일부는 구 관료기구에 흡수된다.

계급 성분을 정화하는 위로부터의 캠페인이 시작된 첫 빌미는 1967년 7~8월경에 저우언라이 총리를 공격 대상으로 삼고 나선 '수도 5.16 홍위병단'이라는 조직의 출현이었다. 이 집단은 즉각 '5.16 반혁명집단'이라는 규정을 받았는데, 그 실체는 한정된 소수의 집단에 지나지 않았다. 그러나 이후 '5.16 병단'과 '5.16 분자'라는 규정은 자기 세력에 도전하는 반대세력을 비난하는 규정으로 점차 변화되어 광범하게 적용되었다. '5.16 병단'이 처음 출현했을 때 마오쩌둥은 이를 '좌'의 형식 속에 실제는 우파인 반혁명 분자라고 규정하고, 이들을 타도하고 프롤레타리아 계급 사령부를 보호해야 한다고 하였는데, 이는 문화대혁명의 주요 공격 대상이 '주자파'에서 점차 문제 있는 조반파 급진분자들로 바뀌고 있음을 보여주는 계기였다.

당 중앙의 흐름의 변화를 잘 보여주는 것은 1968년 1월 중앙문혁소조의 핵심 성원이던 왕리, 관펑, 치번위가 실각한 것이었다. 중앙문혁소조에서 1966년 말 타오주가 실각한 것이 문화대혁명의 전국 확대와 탈권투쟁의 시기를 알렸다면, 왕리 등의 실각은 문화대혁명이 질서의 시기로 돌입했음을 알리는 것이었다. 그 변화를 알리는 전조는 이미 1967년 11월 문화대

혁명의 급진적 목소리를 내 온 당의 기관지 『홍기』에 정간조
치를 내린 데서 나타나기 시작했다.

1968년 7월과 8월에는 노동자 선전대(공선대)와 군인 선전대
(군선대)가 파벌 투쟁이 심하게 전개되는 각 학교에 진주하기
시작했고, 이는 조반파 활동의 사실상 종결을 선언하는 것이
기도 했다. 이후 공선대와 군선대가 파견된 곳은 질서있게 문
화혁명을 진행하는 모범사례로 소개되었는데, 그 대표적인 것
은 고위지도층과 수도를 지키는 수도경위단인 8341부대와 수
도 노동자 마오쩌둥 사상 선전대가 파견된 '여섯 개 공장과
두 개의 학교(六廠二校)'였다. 6창2교에는 베이징 방직창, 베이
징 신화인쇄, 베이징 화공3창, 베이징 베이쟈오 목재창, 베
이징 27 기계차량창, 베이징 난코우 기계차량 기계창, 칭화대
학, 베이징대학 등이 포함되었다.

1968년 5월에는 '계급대오 정리' 캠페인이 전국적으로 시
행되었으며, 이 캠페인은 1969년 9차 당대회 이후 본격적으로
전개되었다. 1970년 1월 31일에는 「반혁명 파괴활동을 타격
하는 것에 관한 지시」로 계급대오 정돈 운동을 계속해 갔고,
1타3반(반혁명 분자를 타격하고, 탐관절도·투기거래·겉치레 낭비에 반대)
운동이 전국적으로 전개되었다. 1970년 2월에서 11월 사이
기간에 이 운동에서 '반도, 간첩, 반혁명분자'로 색출된 사람
만 184만여 명이었고, 그 중 체포된 사람만 285,000명이었다.
이어서 3월 27일에는 「'5.16' 반혁명 음모 집단 조사에 관한
통지」가 발표되어, 1967년 등장했던 '5.16 분자'의 재색출 작업

이 대대적으로 진행되었다. 중앙문혁소조원이었다가 실각한 왕리의 회고에 따르면, 1967년 최초의 '5.16 병단'에서 71년의 '5.16 분자 색출 작업'까지 이런 명분으로 검거된 사람만 350만 명에 이른다.

최근의 여러 인터뷰 조사 등에 따르면 이 시기 계급대오 정돈과 '5.16 분자' 색출 작업을 통해 박해를 받은 사람 중에는 조반파 출신 홍위병과 노동자들이 상당히 포함되어 있던 것으로 알려져 있다. 당조직이 복구되자, 조반파에 의해 비판받고 몰려난 당간부들이 조반파 출신들을 집중적으로 '5.16 분자'로 몰아가는 것은 당시 매우 일반적인 일이었으며, 이렇게 '5.16 분자'로 몰려 문화대혁명의 모든 책임을 떠안고 밀려난 세력들은 그 후 대체로 복권되지 않았다. 이와 같이 계급대오가 정돈된 이후 9차 당대회의 결의에 따라 당조직이 다시 복원되어 갔던 것이다.

9차 당대회에서 린빠오 사건까지

1968년 9월 7일에 전국의 성, 직할시, 자치구에서 혁명위원회의 건립이 완료되었다. 혁명위원회는 기존의 정부조직을 대체해 성급에서부터 기층 단위까지 새로운 통치기구로서 확립되었다. 그러나 많은 경우 혁명위원회의 실제 권력은 군대표에 집중되었으며, 군대표가 혁명위원회 대표가 되지 않는 경우라도 혁명위원회 구성에 군대표의 발언권이 컸던 것은 사실이다.

이처럼 기존의 정부를 대체하는 새로운 통치질서가 확립된 후 1969년 4월에는 제9차 당대회가 개최되었다. 8차 당대회로부터 13년만의 일이었다. 9차 당대회는 당기구의 복구와 권력의 당으로의 재집중을 뜻하는 계기였다. 대부분의 지역에서 군의 진압으로 조반파의 격렬한 저항은 잦아들었고, 문화혁명은 당이 주도하는 정풍운동 형태로 전환되었으며, 주로 '불순분자'들의 색출 형태로 변환되는 과정 중에 있었다.

이런 과정에 소집된 9차 당대회는 언사는 화려한 혁명적 구절들로 채워져 있었지만, 실제 내용은 다시 과거 질서로 회귀하는 면모를 강하게 띠고 있었다. 다만 이미 당권파가 실각하였기 때문에 그렇게 다시 복구된 당조직은 새로운 세력들로 대체되어 갔다. 이 과정에서 군대의 영향력은 더 커졌으며, 특히 군을 대표하는 린뱌오는 수정된 당규약에 "마오쩌둥 동지의 친밀한 전우이며 후계자"로 명시되었다.

이듬해인 1970년 9월 6일부터 루산에서 열린 9기 2중전회에서는 문화대혁명의 종결을 알리는 또 다른 상징적 사건이 발생하였는데, 그것은 중앙문혁소조장인 천보다가 실각한 것이었다. 천보다는 이 회의에서 린뱌오와 동맹을 맺고 마오쩌둥을 국가주석으로 추대하기 위해 '천재론'의 논조를 펴다가 마오의 비판을 받고서 곧바로 정치무대에서 사라졌다. 1971년 1월 26일에는 「반당분자 천보다의 죄행 자료」가 공포되었다. 그는 연금상태에 있다가 이후 린뱌오 사건 때 다시 연루된 것으로 발표되었으며 '중국의 트로츠키주의자'로 비판받고, 이후 감옥 생활을 하다 4인방 체포 이후 함께 법정에서 재판을 받게 되는 독특한 행적을 거치게 된다. 천보다의 실각은 당과 대중 사이의 모순을 중심으로 전개되어 온 문화대혁명의 과정이 일단락되는 또 한 번의 사건이었다. 앞서 중앙문혁소조 내의 두 차례의 숙정이 문화대혁명의 한 단계씩의 변화를 보여주었듯이 중앙문혁소조장 천보다의 실각은 문혁의 일단락이라는 하나의 계기적 변화를 보여주는 것이었다.

이후 당내에서는 마오쩌둥의 후계 구도를 둘러싼 대립이 격화되어 나타난다. 주로 린뱌오 대 장칭 등 사인방 사이에 전개된 이런 권력의 대립은 1971년 9월 13일 갑자기 린뱌오가 쿠데타를 음모하다 실패하여 가족과 함께 비행기로 도주 중 추락하여 사망했다는 납득하기 어려운 사건이 발생하면서 정리되었다. 린뱌오의 세력은 정리되었고, 이후 4인방이 주무대로 등장하게 되었다. 4인방은 마오쩌둥의 부인인 장칭 외에 상하이와 연계된 장춘치아오, 야오원위안, 왕훙원(상하이 공총사의 지도자)을 일컫는 것으로, 1970년대 초 마오가 이들을 일컬어 "당신들 넷은 파벌을 구성하지 말라"는 말로부터 연원한 것이다. 4인방은 마오 사후 왕동싱, 예젠잉 등 군부의 핵심세력과 덩샤오핑의 연합세력에게 체포되어 세력이 궤멸되었다. 문화대혁명은 공식적으로 이렇게 4인방의 체포로 종료되었지만, 대중운동으로서의 문화혁명은 이미 그에 훨씬 앞서 1968년 들어 종료되고 있었다.

문화대혁명^{이 남긴 것}

문화혁명 그 이후

모리스 마이스너는 문화대혁명이 역설로 끝났음을 이야기한 바 있다. 첫째, 문화대혁명은 반관료제 운동이 가장 관료적 국가기구인 인민해방군의 손아래 들어감으로써 끝났다. 둘째, 문화대혁명은 당에 대한 대중의 공격에서 출발하였으나 당을 강화하는 것으로 끝났고, 당 기구 통제를 둘러싼 당 지도부 사이의 권력투쟁으로 변질되었다. 셋째, 도시 노동자계급은 1927년 이후 최초로 활성화되어 운동 초기 단계에 진정한 노동자 조직을 결성하려는 시도를 보였으나, 문화대혁명이 끝나기 전에 사실상 조직이 와해되었고, 노동자운동이 다시 억압되었다. 1990년대 '신좌파'의 대표인물인 왕후이가 지적한 것처럼, 문화대혁명은 '반근대성의 근대성'이라는 한계 속에서 이해될 수 있는 사건이었다.

문화대혁명 기간에 착종된 많은 대립구도와 무장충돌이 발생했고, 기존의 것들에 대한 수많은 공격과 파괴가 있었지만, 정작 제도적으로 무엇을 남겼는지는 불명확하다. 문화대혁명 시기에 등장한 여러 가지 '신생사물'들은 그 상징성 이상의 현실성을 갖지 못하였고, 기존의 제도적 틀 속으로 다시 포섭되었다. 문화대혁명 이후 중국 사회는 사회세력들 사이의 절충적인 타협이 단위체제라는 형태로 남아 독특한 의존관계를 형성하였으며, 그 또한 개혁개방과 더불어 서서히 해체되어 갔다. 사람들에게 문화대혁명은 트라우마로 남았고, 문화대혁명에 대해 이야기하는 것은 금기가 되었으며, 그 이후 나타난 사회적 모순들에 대한 어떠한 대응들도 문화대혁명을 연상케 하는 방식이 되면, 더 이상 그것을 해결책으로 간주할 수 없는 자기검열이 작동하곤 했다. 1976년 저우언라이의 사망 시기의 4.5 천안문 사건이나 1989년의 6.4 천안문 사건은 그것이 문화대혁명의 그림자를 보여주었다는 이유 때문에 더 이상 운동의 발전으로 이어지지 못하고 억압되어 끝나버렸다. 그 후 중국의 공식역사는 문화대혁명의 시기를 잃어버린 10년 대란의 시기로 규정하였고, 모든 문제는 정리되었으며 새로운 시대에 돌입하고 있는 듯이 보였다. 그러나 문화대혁명이라는 역사적 경험은 쉽게 잊혀지지도, 정리되지도 못하는 것이었으며, 마치 유령처럼 현대 중국의 사회 속을 떠돌고 있다.

문화대혁명의 유제는 저항의 그림자 속에 남았다. 문화대혁명이 한참 진행되던 1968년, 후난성 창사 제1중학에 재학 중이던 양시광(楊羲光)은 「중국은 어디로 가는가?」라는 글을 남겨 풍파를 일으켰다. 그가 속한 조직인 '후난성 프롤레타리아 계급 혁명파 대연합위원회'는 그 극좌적인 입장 때문에 당 중앙에 의해 반혁명 조직으로 평가되어 탄압을 받았다. 그는 급진 조반파의 논리를 잘 보여주었는데, 그는 파리코뮌 모델과 국가장치 파괴 테제에 입각해 '중화코뮌'의 건립과 관료계급에 대한 공격을 주장하였다. 베이징의 급진 중학생 조반조직인 '4.3파'나 광저우의 '8.5공사'도 비슷한 지향점을 가지고 있었다. 이런 급진 조반파들의 저항은 대다수 조반파 조직들이 해체된 이후에도 이어졌는데, 그것을 보여준 사건이 1974년 문화혁명 조반파 출신인 왕시저(王希哲), 리정톈(李正天), 천이양(陳一陽) 세 사람이 리이저(李一哲)라는 필명으로 「사회주의적 민주와 법제에 관하여」라는 대자보를 광저우 시내에 붙여 사람들의 주목을 끈 일이었다. 이들은 새로운 부르주아 계급이 사회주의적 소유하에서 공적인 것을 사적인 것으로 바꾸어 인민의 권리를 탈취하였음을 비판하고, 국가와 사회에 대한 인민의 관리권이 없다는 점을 비판하고, 언론의 자유를 탄압하는 정부를 비판하였다. 이들은 반혁명 죄로 체포되었으며, 이들 중 왕시저는 출옥 후 다시 1981년에 체포되기도 하였다. 그 외에 1976년 독학으로 「프롤레타리아 계급 민주혁명을 논한다」는 지하 저서를 발표한 천얼진(陳爾晉) 역시 '교차로에 선 사회주의'라는 관점하에 문화대혁명이 프롤레타리아 민주혁명으로 진척되어야 함을 주장하였다. 이들 모두 마오쩌둥의 이름을 빌어 문화대혁명의 한계를 비판하고 나섰다는 점이 특이한데, 마오쩌둥 숭배 이면에 존재하는 이런 서로 다른 마오쩌둥상은 서로 다른 정치적 지향을 지닌 파벌들이 자기 주장의 정당성을 확보하기 위해 동일한 상징을 어떻게 상이한 맥락에서 적극적 수단으로 동원할 수 있었는지를 보여준다.

문화대혁명 시기에 등장한 대중의 조직적 저항은 1976년 4.5 천안문 사태 이후에도 부분적으로 계속되어 왔다. 특히 1989년 6.4 천안문 사태는 문화대혁명에 대한 기억을 새롭게 불러일으켰으며, 특히 5월 중순부터 시작된 노동자들의 전국적 조직화 움직임은 군의 무자비한 진압을 촉진하는 계기로 작용하였다. 1990년대 이후에도 문화대혁명의 저항의 그림자는 계속 이어지고 있다. 그것은 노동자들의 집단적 기억 속, 또는 사라지지 않은 과거 조반파 조직의 잔존 속에서 관찰된다. 개혁개방이 노동자들의 지위를 공식적으로 인정하는 '주인공' 위치에서 매우 멀리 밀어놓았을 때, 그리고 삶의 기반이 흔들리게 되었을 때 예상치 않은 곳에서 형성되는 대립과 저항 속에서 문화대혁명의 그림자들이 다시 등장하곤 한다. 문화대혁명 시기 조반파의 조직력이 컸고, 현재 개혁개방의 여파로 발생한 구조조정의 폐해가 두드러진 곳일수록 그런 모습들이 자주 관찰된다. 특권층과 관료들에 맞선 싸움이 벌어지면 그

담론은 문혁의 그림자를 벗어날 수 없게 되기 때문이다.

사회주의와 관련된 쟁점

문화대혁명 시기 제기된 핵심 질문은 '사회주의' 중국이 자본주의로 복귀할 수 있는가 하는 것이었다. 이미 과도기를 지나고 사회주의가 건립되었는데, 어떻게 그 복귀가 가능하겠는가라는 질문에 대해 마오쩌둥은 그런 복귀가 가능하다고 보았고, 그 논지를 정당화하기 위해 사회주의 전시기를 하나의 이행기로 설정하는 '계속혁명론'을 주장하였다. 이는 두 번째 질문으로 이어지는데, 그렇다면 왜 사회주의는 자본주의로 돌아갈 수 있는 것일까? 문화대혁명의 온갖 모순은 이 문제를 둘러싼 대답의 추구과정에서 나타난 것이기도 했다. '자본주의 길을 걷는 세력'이 있기 때문이라고 인정해 보자. 그럼 그 세력은 왜 형성되는 것일까, 그 세력이 나타나는 토대는 어떤 문제를 지니고 있는 것일까? 문화대혁명 초기의 주장처럼 상부구조 혁명이 필요하다는 주장을 인정하더라도, 그 상부구조는 왜 토대와 일치하지 않는가, 토대는 상부구조와 무관하게 이미 변화가 끝난 것일까, 그리고 상부구조의 혁명을 한다는 것은 또 무엇을 의미하는가? 문화대혁명은 늘 이 문제에 대해 그 해결점을 의인화한 대상, 즉 문제가 되는 인물들을 색출하는 데서 찾아내려 하였다. 그러나 그것은 혹시 더 구조적인 문제가 아니었을까? 세 번째 질문은 두 번째 질문을 다른 방식으로 되묻는 것인데, 그럼 어떻게 이런 자본주의로의 복귀를 막을 수 있을까? 두 번째 질문은 세 번째 질문에 대한 답을 제시하는 것이기는 하지만, 적절한 답이 되었던 것은 아니다. 문화대혁명은 무엇을 '혁명'하려 했던 것일까? 일련의 체계적 해결책을 제시하기보다는 끝없이 연속된 질문의 고리만을 제기한 문화대혁명은 이와 맞물린 더 많은 질문들을 계속해서 던지고 있다.

문화대혁명은 중국사회주의의 역사적 경험의 가장 정점에 있던 사건이었는데, 이 사건을 통해 우리는 사회주의가 과연 무엇이었는지, 자본주의 세계체계 속에서 개별 사회주의 국가들을 건설한다는 것, 그럼으로써 민족적 공산주의라는 형태로 건립된 개별 사회주의 국가들이 어떤 구조적 제약하에 놓였고, 그것이 어떤 이데올로기적 왜곡과 정치적 왜곡을 낳았는지를 질문하게 된다.

문화대혁명은 또한 결국 모든 핵심 문제가 당으로 집약됨을 보여주는 것이기도 했다. 인민의 당이 문화대혁명의 한복판에서 대중운동의 공격을 받는 대상이 되었고, 대중운동 없이 당의 정풍은 불가능하였지만, 대중운동이 당을 넘어섰을 때 당과 대중운동 사이의 모순은 첨예하게 드러났다. 동요하던 마오쩌둥은 결국 대중운동의 '무질서'보다 당의 '질서'를 선택하였다. 그럼 당은 어떻게 올바름을 자처할 수 있으며, 당이 대중과 괴리되기 시작할 때 그것을 어떻게 스스로 정정할 수 있는지, 그리고 당은 대중적 주도권을 촉진시키는 데 늘 도움이 되는지, 그렇지 않고 장애물로 전화할 수 있는 것은 아닌지의 문제는 결국 해결되지 않았다. 문제는 문제를 물고 이어졌고, 제기된 문제에 대한 해결 없이 중단되었을 뿐이다.

그리고 당의 문제는 다시 국가장치라는 문제를 제기했다. 당 자체가 중요한 국가장치가 되었는데, 여기서 국가장치의 문제는 억압적 국가장치뿐 아니라 이데올로기적 국가장치라는 문제까지 포괄한다. 이데올로기적 국가장치로서 지배적 당이 대중의 정치적 자율성을 억압하는 국가의 기능을 수행하기도 하였다. 문화대혁명 과정에서 반복적으로 출현한 파리코뮌 모델이라는 준거에서 살펴볼 수 있는 억압적 국가장치의 파괴라는 문제와 더불어, 이데올로기적 국가장치라는 문제는 어떤 쟁점을 던져준 것일까? 이데올로기적 국가장치의 전화, 그 민주적 통제 없이 근대자본주의 세계에서 주체를 형성해온 메커니즘이 전환될 수 있을까? 이는 다시 노동력의 재생산 방식, 노동과정에 대한 통제의 문제, 지식의 차별적 통제라는 문제와도 연관된 질문이었다.

그런 점에서 문화대혁명은 이데올로기 혁명의 문제를 제기한 것으로 해석될 수 있는 측면이 있다. 문화대혁명이 제도적으로 새로운 단절점을 만들어 낸 것은 아니더라도, 대중의 해방은 대중 스스로에 의해서만 가능하다는 명제를 다시 끌어냈고, 이로부터 이데올로기 혁명이라는 쟁점을 제기한다. 그렇다면 그것은 다시 정확히 프랑스 혁명이 근대 정치에 대해 제기한 이데올로기적 단절점으로 돌아온 것이고, 근대 정치의 핵심 문제를 다시 무대에 올려놓는 것이 된다.

여기서 문화대혁명과 프랑스 혁명을 잇는 또 하나의 고리를 발견할 수 있는데, 그것은 '대중의 공포'라는 주제이다. 두 혁명 모두 대중이 스스로의 힘을 폭발적으로 열고 나오지 않는 한 이데올로기 혁명의 길은 불가능함을 보여주지만, 동시에 그렇게 폭발한 대중의 힘은 공포스러운 것, 그 적대자에게 공포스러울 뿐 아니라 대중 스스로에게도 통제되지 않는 힘으로서 공포스러운 것으로 다가온다는 것을 보여주었다. 근대의 진지한 철학자들과 사상가들이 고민했듯이 이 두 가지 공포는 서로 맞물려 있는 것이었다. 그렇다고 여기서 대중의 힘을 억압하고, 대중을 다시 그 이전의 시기로 되돌림으로써 질서를 회복할 수 있다고 생각하는 것도 불가능하다는 것은 1969년 이후의 과정이 보여주는 것이다. 이것이 비극의 역사로서 문화대혁명이 던지는 질문이다. 그것은 질서있게 예측가능한 방식으로 새로운 모델을 만들어 낸 역사적 사건은 아니지만, 이 과정을 거치면서 그전에는 알 수 없었던 새로운 이데올로기적 돌파구가 열리는 계기도 포함하고 있던 것이다.

지금도 문화대혁명은 현재시제로 진행 중이다. 마치 200년도 더 된 프랑스 혁명이 현재 진행 중인 것처럼 말이다. 차이점이라면 다만 우리가 문화대혁명을 되돌아보기에는 아직도 시간적으로 매우 근접해 있기 때문에 더 많은 난점을 안고 있다는 점, 그리고 여기에는 현실 사회주의의 역사도 개입되어 있기 때문에 난점이 크다는 점을 이야기할 수 있을 뿐이다.

참고문헌

백승욱,『중국 노동자와 노동정책: '단위체제'의 해체』, 문학과지성사, 2001.

백승욱 편,『중국노동자의 기억의 정치 – 문화대혁명 시기의 기억을 중심으로』, 폴리테이아, 2007.

高皋·嚴家其,『文化大革命十年史 1966~1976』, 天津人民出版社, 1986.

席宣·金春明,『"文化大革命"簡史』, 中共黨史出版社, 1996. (이정남 외 옮김,『문화대혁명사』, 나무와숲, 2000.)

劉國凱,『人民文革論』博大出版社, 2006.

徐友漁,『形形色色的造反: 紅衛兵精神素質的形成與演變』, 中文大學出版社, 1999.

宋永毅 主編,『文化大革命: 歷史眞相和集體記憶 (上, 下)』, 田園書屋, 2007.

王年一,『大動亂的年代』, 河南人民出版社, 2004.

王紹光,『理性與瘋狂: 文化大革命中的群衆』, 牛津大學出版社, 1993.

周薦,『"文化大革命"詞語辭典』, 중문출판사, 1997.

陳曉農,『陳伯達 最後口述回憶』, 陽光環球出版香港有限公司, 2005.

陳益南,『靑春無痕: 一個造反派工人的十年文革』, 中文大學出版社, 2006.

『民主中華: 中國民主運動人事文集, 1949~1989』, 遠東事務評論社, 1989.

宇野重昭 外,『現代中國の歷史』, 有斐閣, 1986. (이재선 옮김,『중화인민공화국』, 학민사, 1988.)

Andors, Stephen, *China's Industrial Revolution: Politics, Panning, and Management, 1949 to the Present*, Pantheon Books, 1977.

Arrighi, Giovanni, Terence H. Hopkins and Immanuel Wallerstein, *Antisystemic Movement*, Verso, 1989. (송철순 외 옮김, 『반체제운동』, 창작과비평사, 1996.)

Badiou, Alain, "The Cultural Revolution: The Last Revolution?," *Positions*, 13(3), 2005.

Balibar, Etienne, 「마오: 스탈린주의의 내재적 비판?」, 윤소영 엮음, 『맑스주의의 역사』, 민맥, 1991.

Bettelheim, Charles, *Cultural Revolution and Industrial Organization in China*, Monthly Review Press, 1974.

Lee, Hongyung, *The Politics of the Chinese Cultural Revolution*, University of California Press, 1978.

MacFarquhar, Roderick and Michael Schoenhals, *Mao's Last Revolution*, Cambridge: The Belknap Press of Harvard University Press, 2006.

Meisner, Maurice, *Mao's China and After*, Free Press, 1999. (김수영 옮김, 『마오의 중국과 그 이후1, 2』, 이산, 2004.)

Perry, Elizabeth J. and Li Xun, *Proletarian Power: Shanghai in the Cultural Revolution*, Boulder: Westview, 1997.

中國文革硏究網(http://www.wengewang.org/)

문화대혁명 중국 현대사의 트라우마

펴낸날	초판 1쇄 2007년 7월 5일
	초판 6쇄 2014년 4월 4일

지은이	백승욱
펴낸이	심만수
펴낸곳	(주)살림출판사
출판등록	1989년 11월 1일 제9-210호

주소	경기도 파주시 광인사길 30
전화	031-955-1350 팩스 031-624-1356
기획·편집	031-955-4662
홈페이지	http://www.sallimbooks.com
이메일	book@sallimbooks.com

ISBN	978-89-522-0661-9 04080

085 책과 세계

강유원(철학자)

책이라는 텍스트는 본래 세계라는 맥락에서 생겨났다. 인류가 남긴 고전의 중요성은 바로 우리가 가 볼 수 없는 세계를 글자라는 매개를 통해서 우리에게 생생하게 전해 주는 것이다. 이 책은 역사라는 시간과 지상이라고 하는 공간 속에 나타났던 텍스트를 통해 고전에 담겨진 사회와 사상을 드러내려 한다.

056 중국의 고구려사 왜곡　　eBook

최광식(고려대 한국사학과 교수)

중국의 고구려사 왜곡의 숨은 의도와 논리, 그리고 우리의 대응 방안을 다뤘다. 저자는 동북공정이 국가 차원에서 진행되는 정치적 프로젝트임을 치밀하게 증언한다. 경제적 목적과 영토 확장의 이해관계 등이 복잡하게 얽혀 있는 동북공정의 진정한 배경에 대한 설명, 고구려의 역사적 정체성에 대한 문제, 고구려사 왜곡에 대한 우리의 대처방법 등이 소개된다.

291 프랑스 혁명　　eBook

서정복(충남대 사학과 교수)

프랑스 혁명은 시민혁명의 모델이자 근대 시민국가 탄생의 상징이지만, 그 실상을 아는 사람은 많지 않다. 프랑스 혁명이 바스티유 습격 이전에 이미 시작되었으며, 자유와 평등 그리고 공화정의 꽃을 피기 위해 너무 많은 피를 흘렸고, 혁명의 과정에서 해방과 공포가 엇갈리고 있었다는 등의 이야기를 통해 프랑스 혁명의 실상을 소개한다.

139 신용하 교수의 독도 이야기　　eBook

신용하(백범학술원 원장)

사학계의 원로이자 독도 관련 연구의 대가인 신용하 교수가 일본의 독도 영토 편입문제를 걱정하며 일반 독자가 읽기 쉽게 쓴 책. 저자는 역사적으로나 국제법상으로 실효적 점유상으로, 어느 측면에서 보아도 독도는 명백하게 우리 땅이라고 주장하며 여러 가지 역사적인 자료를 제시한다.

144 페르시아 문화

신규섭(한국외대 연구교수)

인류 최초 문명의 뿌리에서 뻗어 나와 아람을 넘어 중국, 인도와 파키스탄, 심지어 그리스에까지 흔적을 남긴 페르시아 문화에 대한 개론서. 이 책은 오랫동안 베일에 가려 있던 페르시아 문명을 소개하여 이슬람에 대한 편견과 오해를 바로 잡는다. 이태백이 이란계였다는 사실, 돈황과 서역, 이란의 현대 문화 등이 서술된다.

eBook

086 유럽왕실의 탄생

김현수(단국대 역사학과 교수)

인류에게 '예술과 문명' 그리고 '근대와 국가'라는 개념을 선사한 유럽왕실. 유럽왕실의 탄생배경과 그 정체성은 무엇인가? 이 책은 게르만의 한 종족인 프랑크족과 메로빙거 왕조, 프랑스의 카페 왕조, 독일의 작센 왕조, 잉글랜드의 웨섹스 왕조 등 수많은 왕조의 출현과 쇠퇴를 통해 유럽 역사의 변천을 소개한다.

016 이슬람 문화

이희수(한양대 문화인류학과 교수)

이슬람교와 무슬림의 삶, 테러와 팔레스타인 문제 등 이슬람 문화 전반을 다룬 책. 저자는 그들의 멋과 가치관을 흥미롭게 설명하면서 한편으로 오해와 편견에 사로잡혀 있던 시각의 일대 전환을 요구한다. 이슬람교와 기독교의 관계, 무슬림의 삶과 낭만, 이슬람 원리주의와 지하드의 실상, 팔레스타인 분할 과정 등의 내용이 소개된다.

100 여행 이야기

이진홍(한국외대 강사)

이 책은 여행의 본질 위를 '길거리의 철학자'처럼 편안하게 소요한다. 먼저 여행의 역사를 더듬어 봄으로써 여행이 어떻게 인류 역사의 형성과 같이해 왔는지를 생각하고, 다음으로 여행의 사회학적 · 심리학적 의미를 추적함으로써 여행에 어떤 의미를 부여할 것인가에 대해 말한다. 또한 우리의 내면과 여행의 관계 정의를 시도한다.

eBook

293 문화대혁명 중국 현대사의 트라우마

eBook

백승욱(중앙대 사회학과 교수)

중국의 문화대혁명은 한두 줄의 정부 공식 입장을 통해 정리될 수 없는 중대한 사건이다. 20세기 중국의 모든 모순은 사실 문화대혁명 시기에 집약되어 있다고 해도 과언이 아니다. 사회주의 시기의 국가 · 당 · 대중의 모순이라는 문제의 복판에서 문화대혁명을 다시 읽을 필요가 있는 지금, 이 책은 문화대혁명에 대한 안내자가 될 것이다.

174 정치의 원형을 찾아서

eBook

최자영(부산외국어대학교 HK교수)

인류가 걸어온 모든 정치체제들을 매우 짧은 기간 동안 시험하고 정비한 나라, 그리스. 이 책은 과두정, 민주정, 참주정 등 고대 그리스의 정치사를 추적하고, 정치가들의 파란만장한 일화 등을 소개하고 있다. 특히 이 책의 저자는 아테네인들이 추구했던 정치방법이 오늘 우리 사회가 당면한 문제를 해결할 수 있는 지혜의 발견에 도움을 줄 수 있을 것이라고 말한다.

420 위대한 도서관 건축순례

eBook

최정태(부산대학교 명예교수)

이 책은 도서관의 건축을 중심으로 다룬 일종의 기행문이다. 고대 도서관에서부터 21세기에 완공된 최첨단 도서관까지, 필자는 가능한 많은 도서관을 직접 찾아보려고 애썼다. 미처 방문하지 못한 도서관에 대해서는 문헌과 그림 등 가능한 많은 정보를 수집하려 노력했다. 필자의 단상들을 함께 읽는 동안 우리 사회에서 도서관이 차지하는 의미에 대해 다시 생각하게 된다.

421 아름다운 도서관 오디세이

eBook

최정태(부산대학교 명예교수)

이 책은 문헌정보학과에서 자료 조직을 공부하고 평생을 도서관에 몸담았던 한 도서관 애찬가의 고백이다. 필자는 퇴임 후 지금까지 도서관을 돌아다니면서 직접 보고 배운 것이 40여 년 동안 강단과 현장에서 보고 얻은 이야기보다 훨씬 많았다고 말한다. '세계 도서관 여행 가이드'라 불러도 손색없을 만큼 풍부하고 다채로운 내용이 이 한 권에 담겼다.

eBook 표시가 되어있는 도서는 전자책으로 구매가 가능합니다.

㈜살림출판사

www.sallimbooks.com

주소 경기도 파주시 문발동 522-1 | 전화 031-955-1350 | 팩스 031-955-1355